横浜国立大学大学院／建築都市スクールY-GSA 編

20世紀の思想から考える、これからの都市・建築

Henri Lefebvre
Colin Rowe
Kenneth Frampton
Aldo Rossi
Christopher Alexander
Rem Koolhaas

彰国社

デザイン＝水野哲也（Watermark）

論理・思想だけが空間の構想を支えてくれる――小嶋一浩

都市・建築は、社会の中でどのような役割を担い、意味を持ち、位置づけられているのか。都市・建築が生み出す「空間」は、必要性だけでそこにあるのではなく、それが生じると同時に、望むと否とにかかわらず、制度として発動し、世界・社会に作用し始める。だから、「空間」の生成にコミットする建築家は、そのことに自覚的であらねばならない。言い方を変えれば、自覚的であることで、「空間」の可能性をその都度の状況の中で最大化することもできるであろう。ゆえに、建築家として自身の建築の方向性・思想性を構築していくためには、建築が置かれている歴史的・社会的・都市的背景を学びながら、空間を論理的に思考することが大切である。では、論理的に思考するというトレーニングは、いかにして可能か?

本を読みまくる、というのは、いつの時代にも有効な方法だろう。そして、できれば読み取ったことをベースに今日的な問題を俎上《そじょう》に載せて議論したい。議論することで、思考の精度と距離を測定したい。

読むべき本=古典は、たいしてヴァージョン・アップされていない。アルド・ロッシ『都市の建築』は、私が大学院の修士の頃『OPPOSITIONS』誌に英訳が掲載されて、それのコピーで読書会をやっていた。先行するバイブル、コーリン・ロウ『コラージュ・シティ』も、和訳はまだなく、研究室にあった原著(立派なハードカバー本)を英語で読んだ。そうした個人的な事柄の一方で、大学院の恩師、原広司は、とりわけ言語を大切にする人だったので、学生時代に一緒にやったコンペなどを通して、提案を端的に言語化することや、余計なものをそぎ落として案を強くしていくことを体験し続けた。

本書もまた、そうした流れの中で生み出されたプロダクトである。出版というかたちをとることにも、もちろん重要な意味がある。ダイアローグのための仕込みをし、実際に議論を行なったその記録を、もう一度文字にして推敲し、吟味する。当たり前のことだが、その成果であるこの書籍には、凝縮された果実のような滋養があるはずである。

そのような態度は、横浜国立大学大学院／建築都市スクールY-GSA小嶋スタジオのこれまでの「再読」課題にも通じている。再読対象となる空間を訪れて体験し、五〇分の一の巨大模型で再現し、読みこなすことから始めて、それをこれからの時代の建築として翻訳して捉え、新たな空間を設計すること。

本書は、Y-GSA主催で行なわれた「横浜建築都市学」での対談・レクチャーをベースに構成されている。「横浜建築都市学」は、毎年異なるテーマを設定して実施している。それが可能なのは、四人の建築家（プロフェッサー・アーキテクト）とは別にプロのキュレーターをも専任教員としてメンバーに持つからである。建築家だけで毎年こんな企画を持続できるわけがない。言い方を変えれば、Y-GSAのフォーメーションには、設計と論理の両方が組み込まれているのである。「建築をつくることは、未来をつくることである」というY-GSAのマニフェストを実行するには、感覚だけではなく、かように論理が問われるのである。

歴史を遡った批評の先に建築や都市の「未来」がある――寺田真理子

建築の概念、建築家の職能を新たに捉え直す動き

日本ではここ数年、コモンズの概念、つまり他者と「共有する」ことに新しい価値を据えた建築への取り組みが増えてきている。今では地域の資源《リソース》を共有／シェアすることで、街に新たな価値を生み出す建築のあり方、空間の使い方を提示する建築家も少なくない。Y‐GSAでも「Creative Neighborhoods」という次世代の居住環境をテーマにしたシンポジウムで継続的に「コモンズ」をテーマに議論を進めており、さらにスイス連邦工科大学チューリッヒ校（ETHZ）と「Spaces of Commoning」（人々が時間、活動、知識、モノといった資源を共有し、関係性を育んでいく場）の共同研究を行なっている。

今ここで、私たちは都市における建築家の役割や意義、そして都市・建築の概念を歴史的文脈の中であらためて位置づけ、定義し直す必要がある。Y‐GSAでは、この大きな課題に対して多層的な議論をすべく、二〇一五年度の「横浜建築都市学」という授業において、本書のベースである「二〇世紀の思想から考える、これからの都市・建築」のオムニバス・レクチャーを企画した。二〇世紀を代表する六人の思想家、建築家に焦点を当て、欧米から生まれた都市・建築の理論を若手論客とともに今日的に読み解き、日本における「これからの新しい建築・都市」はどこに向かうべきなのかを議論したいと考えた。

二〇世紀の問題意識と現代の問題意識の共通点

この思想家、建築家たちの論点は、Y-GSAでこれまで議論してきた近代の建築・都市のあり方、つまり「モダニズム」を問い直す問題意識と重なっている。今、あらためて建築の概念が問われる中、アジアや日本における地域固有の歴史的、文化的なコンテクストから都市をブリコラージュし更新することは可能か。また、いかに都市・文化としての新しい価値を創造し、人々が都市に対する共同性を持ちうるかといった重要な課題に対して、コーリン・ロウの『コラージュ・シティ』とケネス・フランプトンの「批判的地域主義」から議論したいと考えた。さらにアルド・ロッシの『都市の建築』から、ヨーロッパ型ではなく、日本の都市の文脈に根ざす建築タイポロジーの可能性を議論し、考えたかった。また現代社会において、人々がなんらかの資源《リソース》を共有することによって育む関係性について、アンリ・ルフェーヴルの「日常生活批判」や『空間の生産』から、さらに環境を認識するダイアグラムの共有で、誰もが参加可能な建築のデザインについて問うべく、クリストファー・アレグザンダーの『パタン・ランゲージ』や『形の合成に関するノート／都市はツリーではない』から考えたいと思った。このオムニバス・レクチャーのトリは、グローバル資本主義経済が生み出した都市の変容を直視したハーヴァード大学での都市研究、そして二〇一四年のヴェネツィア・ビエンナーレ国際建築展で総合ディレクターとして「建築の近代化」の検証を行ない、近現代の重要な課題を批評的に取り上げてきたレム・コールハースにしたいと考えた。

六名の思想家、建築家たちの「思想」をめぐる議論のポイントは、そこから「これからの建築・都市」を考えることに主眼を置いていること。また今回のレクチャーの主役は、その思想を解題するゲストの講演者五名であって、思想家たちではない。そして各回のテーマは、思想家、建築家たちの思想の現代性を問うべく設定された大切な主題だ。

社会と建築の新しい枠組みを実践・研究する若手論客たち

今回、この議論を組み立てるにあたり特に重要だと考えたのは、モデレーターに五人の若手論客たちを配することだった。彼らに期待したのは、これからの時代を担う建築家、理論家として、彼らの世代が二〇世紀の都市・建築の理論や思想をどのように捉え、これからの社会や生活に接続させることができるかという問いを踏まえた議論の進行である。同時に彼らには、学生たちとゲスト講演者との間をブリッジし、学生たちの理解を深めてほしかった。

五人のモデレーターを選んだ理由には、彼らの活動・研究における建築と都市へのアプローチがある。建築史という立場から二〇世紀の建築理論を研究し、また中国建築に関して批判的地域主義の視点から批評する市川紘司。またアレグザンダーのパタン・ランゲージのシステムを応用し、社会資源としての木造賃貸アパートの有効な改修方法を「レシピ」として言語化し実践する連勇太朗。「建築のタイポロジー」を見据えつつ、都市における建築のあり方をコンテクストから分析し、人々の空間の使い方について研究し実践する山道拓人。またアンリ・ルフェーヴルの思想から出発して、現在は社会学の立場から都市と建築を研究する南後由和。また、長くレム・コールハースの研究を続け、二〇一五年末にロベルト・ガルジャーニによる『レム・コールハース—OMA——驚異の構築』(二〇〇八/邦訳=鹿島出版会)を難波和彦氏とともに翻訳上梓した岩元真明。このように歴史的な視座と現代社会に対する批評性をもって研究や実践に取り組む五人がモデレートする、世代を超えた深い議論を期待した。

これからの建築・都市を考えるための議論のプラットフォームへ

Y-GSAでは、この一〇年間、建築家である山本理顕、北山恒、飯田善彦、小嶋一浩、西沢立衛、藤原徹平、そして乾久美子が加わり、「今、建築家は社会に何を問うべきか。建築の主題は何か」をテーマに批評的に議論をしてきた。その議論は、「横浜建築都市学」でのさまざまな分野の専門家との対話やY-GSAでのスタジオ講評会で展開されてきた。講評会は、ただ学生への包括的な教育の場ということだけではなく、これからの建築像を考えるための、建築家による開かれた批評の場でもある。そして、近代社会、モダニズム建築の概念から解放されて新しい価値観を提示する、創造の場でもある。

今回のレクチャーの企画を通じて、かつて私が編集者として関わった建築雑誌『SD』の「海外建築情報」での若い建築家による熱い議論を思い出す。あのような若手建築家による議論、そして世代を超えた議論の場をまた実現したい。歴史を遡った批評の先に建築や都市の「未来」があるという確信のもとに、Y-GSAが今後も「思想」を持った建築批評のプラットフォームであり続けることは、社会において重要な役割と意味を持つだろう。

目次

目次

アンリ・ルフェーヴル

Henri Lefebvre

ふるまいの生産

一九〇一　フランス・アジェモーに生まれる
一九二〇　パリ大学ソルボンヌ校卒業
一九二八　フランス共産党（PCF）入党
一九四四-四九　フランス国営放送ラジオ局「Radiodiffusion Française」のディレクターを務める
一九四七　*Critique de la vie quotidienne*（『日常生活批判 序説』田中仁彦訳、現代思潮新社、一九七八）、『同II』（六一）、『同III』（八一）
同書はCOBRAやアンテルナシオナル・シチュアシオニストに影響を与える
一九六一-　ストラスブール大学で教鞭をとる
一九六五-　パリ第一〇大学ナンテール校で教鞭をとる
一九六八　*Le droit à la ville*（［文庫版］『都市への権利』森本和夫訳、ちくま学芸文庫、二〇一一）
一九七〇　*La révolution urbaine*（『都市革命』今井成美訳、晶文社、一九七四）
一九七四　*La production de l'espace*（『空間の生産』斎藤日出治訳、青木書店、二〇〇〇）
一九九一　フランス・ナヴァランにて死去

Henri Lefebvre ◎ 社会学者、哲学者

南後由和

日常生活批判

南後由和　アンリ・ルフェーヴルはマルクス主義の哲学者で、一九〇一年にフランス南西の農村部に生まれて一九九一年に亡くなりました。ライフワークとして、ルフェーヴルに一貫していた問題意識は、「日常生活批判」というものです。今日の主な議題になる、六〇年代から七〇年代にかけての都市論や空間論も、日常生活批判から発展していきました。ルフェーヴルの都市論や空間論の時代背景を示す象徴的な出来事に、一九六八年のパリの五月革命があります。同時代の日本では、東京大学の安田講堂の占拠事件や御茶ノ水の日本大学・明治大学界隈での学生運動が起きていました。事前に北山恒さんにヒアリングをさせていただいたところ、北山さんがルフェーヴルを知ったのは、横浜国立大学の学生運動の集会だったそうです。集会のビラで、ルフェーヴルに思想的な影響を受けて同時代のヨーロッパで活動していたシチュアシオニスト[＊1]のことが紹介されており、そのシチュアシオニスト経由でルフェーヴルを知ったというお話が印象的でした。

私のほうからのイントロとしては、まず日常生活批判、そのあと六〇年代から七〇年代にかけての都市論と空間論、なかでもそれらの集大成である『空間の生産』(一九七四/邦訳=斎藤日出治訳、青木書店、二〇〇〇)［図1］について主にお話しします。そして最後にルフェーヴルの思想と建築とのクロスポイントについても言及できればと思います。

まず、日常生活批判に関して、図2を見てください。左に「経済」や「国家」、右に「日常生活」と書かれています。日常生活というのは所与のものとしてあるのではなくて、国家の官僚制、価値を数量に置き換える経済のシステムなどによって支配・搾取されていく。ルフェーヴルは、幼少期を過ごした農村部が都市化によって変貌を被り始めたことを目の当たりにしていました。農村部の共同体には、日常生活の営みの反復を通して培われる「ふるまい」や「作法」が見られるわけですが、それらも変容せざるをえなかったわけです。例えば農村における祭りは、季節の移り変わりに合わせて行なわれ、人々の抑圧されたエネルギーの解放の場にもなっています。そういった農村での日常生活のリズムや多様性が、近代の資本主義によって、時計時間のような数字や交換価値に還元されていってしまうことに批判意識を持っていたのです。

図1:『空間の生産』

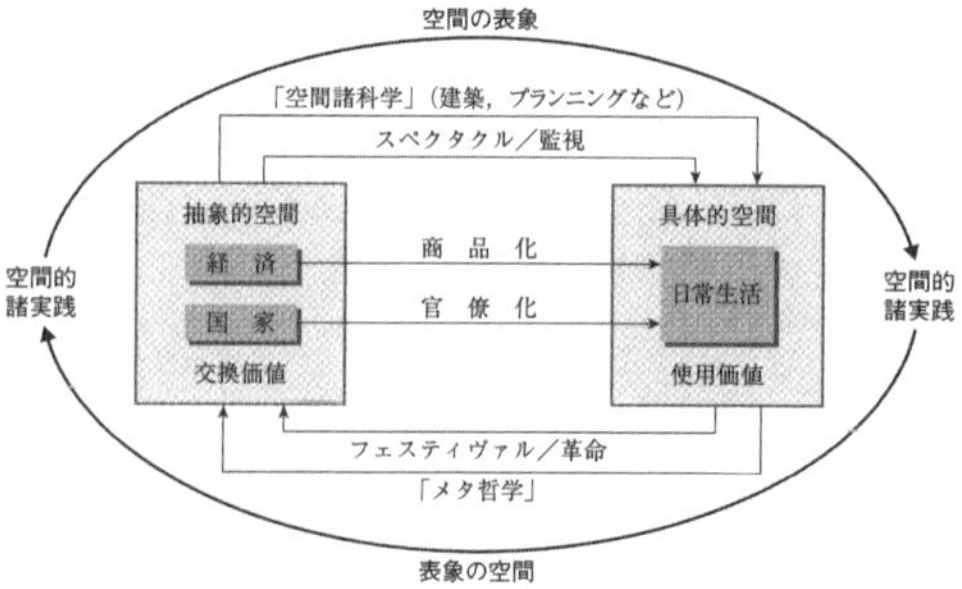

図2:『空間の生産』概念図
引用出典＝南後由和「アンリ・ルフェーヴル
――空間論とその前後」（加藤政洋＋大城直樹編著
『都市空間の地理学』ミネルヴァ書房、2006）

そのほかルフェーヴルは、ダダイスムやシュルレアリスムの作家との同時代的な交流もあり、機械的で反復的な秩序に蝕まれた既成の日常生活を、集団的想像力や無意識によって乗り越えようとする詩、小説、演劇などに関心を寄せていました。

都市と政治

次に都市と政治に関してです。六〇年代から七〇年代にかけて、『都市への権利』（一九六八／邦訳［文庫版］＝森本和夫訳、ちくま学芸文庫、二〇一一）［図3］、『都市革命』（一九七〇／邦訳＝今井成美訳、晶文社、一九七四）、『空間と政治』（一九七二／邦訳＝今井成美訳、晶文社、一九七五）という都市論三部作が出版されます。翻訳本はいずれも絶版状態が続いていたのですが、『都市への権利』は二〇一一年に文庫版が出て、私も巻末の解説を書かせてもらいました。

この都市論三部作に通底している問題関心のひとつは、都市の「中枢性」です。例えばパリなどの都市では、人、資本、情報の集中や蓄積が加速し、空間の商品化が進む一方で、低賃金労働者、学生や外国人が都市の中心から排除され、都市の周縁へと隔離されていくようになりました。都市というのは階級間の対立をはじめ、社会の軋轢や矛盾が現われる政治的な場としてあるわけです。その政治的な場としての都市をめぐる象徴的な事件が、六八年の五月革命でした。従来のマルクス主義は「疎外」という概念を、資本家と労働者間の関係において捉え、その闘争の舞台は生産の場である工場や会社に限定されていました。けれども、ルフェーヴルはその闘争の場を、都市や日常生活へと拡張して捉えていった点に特徴があります。

都市の「中枢性」とは、都市の地理的な中心を意味しているわけではありません。中枢性とは、新たな才能や技術を集めて創造的な交配を生むポジティヴな作用と同時に、異質なものや社会的弱者を排除するネガティヴな作用を併せ持つ、両義性を帯びた概念です。都市というのは、建築家や都市計画家という特定の主体によってのみトップダウン的につくり上げられるものではなく、そこに住んでいる人たちを含め、見えない主体の複合的な営

図3:『都市への権利』

為によってもボトムアップ的につくり上げられていく。ルフェーヴルは、このような動きに早くから光を当てた思想家であり、そのような都市のあり様を、使用価値に属する「集合的作品」としての都市と呼びました。「集合的作品」としての都市とは、ワークショップへの参加や住民投票など、たんなる形式的な住民参加を指すのではなくて、自分たちが都市に参与することによって、自分たち自身も変化していく、そのような主体的な変革への傾向を孕んだものなのです。本のタイトルにもある「都市への権利」とは、使用価値に属する集合的作品としての都市を獲得する権利や、都市の中枢性から排除されないことへの権利としてあります。

またルフェーヴルは、「都市社会」という独特の言い回しをします。私たちは「都市社会」という言葉を何気なく使うわけですが、ルフェーヴルの言う「都市社会」とは、既成事実ではありません。現実化の過程にある潜在的なものであり、これからありうるかもしれない可能性へと開かれている社会です。工業社会の次に都市社会があって、消費社会、情報社会へと移り変わっていくのではなくて、「都市社会」というのは消費社会や情報社会を組み込んだものとしてある。ルフェーヴルは、工業化によって交換価値に還元されてしまった都市は完全に都市化していないし、「都市社会」に至っていないと言います。「都市社会」とは、現在進行形で動き続けていて、未完のものとしてあるということです。それは二〇一六年の現在においても決着がついていない問題圏であるわけです。

空間の生産

いよいよ、『空間の生産』についてです。『空間の生産』は一九七四年にフランス語の原著、二〇〇〇年に邦訳が出ました。私が学部三年生のときに邦訳が出て、衝撃を受け、卒業論文はルフェーヴルが都市社会学、ポストモダン地理学、カルチュラル・スタディーズ、メディア論などにどのような影響を与えたかという学説史について書きました。修士論文では、ルフェーヴルの思想に影響を受けて実践を展開したシチュアシオニストについて書きました。じつは塚本由晴さんと議論させていただくようになったきっかけもルフェーヴルでした。大学院生の頃に東京工業大学のゼミに呼んでいただき、建築系は六〇年代のアルド・ロッシ、七〇年代のロバート・ヴェンチューリ、八〇年代のレム・コールハース、人文社会系は六〇年代のルフェーヴル、七〇年代のジャン・ボードリヤール、八〇年代のデヴィッド・ハーヴェイを読んで議論しました。そのほか『住宅特集』(二〇〇七年九月号、新建築社）や『10＋1』No.49（ＬＩＸＩＬ出版、二〇〇七）などの雑誌で対談させていただいたり、アトリエ・ワンの『The Architectures of Atelier Bow-Wow: Behaviorology』（二〇一〇）に寄稿させてもらいました。要はルフェーヴルの思想が私にとって社会学と建築学、分野や領域を横断する共通言語になっていたということです。

『空間の生産』において、まずルフェーヴルは建築家、数学者、物理学者などが頭の中で考えて操作しようとする抽象的で「観念的な空間」と、生活する人たちによって経験される具体的な「現実の空間」を隔てている「距離」を問題視しました。さらに、透明な容器として空間があるのではなくて、空間は権力や政治の手段にもなっていることに注意を払いました。空間に内在するさまざまな戦略、利害関係、権力作用を批判的に読み解こうとしたのです。いわゆる郊外論において、均質的な街並みが云々という典型的な批判の仕方がありますが、ルフェーヴルは一見均質に見えるような郊外やニュータウンの内部にも序列や格差があることを看破しました。

ところで、空間を生産する主体とは誰なのでしょうか。ルフェーヴルが考える空間を生産する主体は、建築家や都市計画家などのような計画主体に限定されません。住民やユーザーも空間を生産する主体です。つまり私がここで喋っていて、みなさんがイスに座ってこっちを見ている。後ろで立っている人もいっぱいいらっしゃいますが、この状況自体が今日のY-GSAの空間を生産しているんだという発想が、ルフェーヴルの「空間の生産」のわかりやすいイメージです。もちろん、このY-GSAの建物が空間を規定する側面を無視しているわけではなくて、建物の話も踏まえつつ、そこで起こっているアクティヴィティやユーザーの営みにも目を向けていこうとしたわけです。

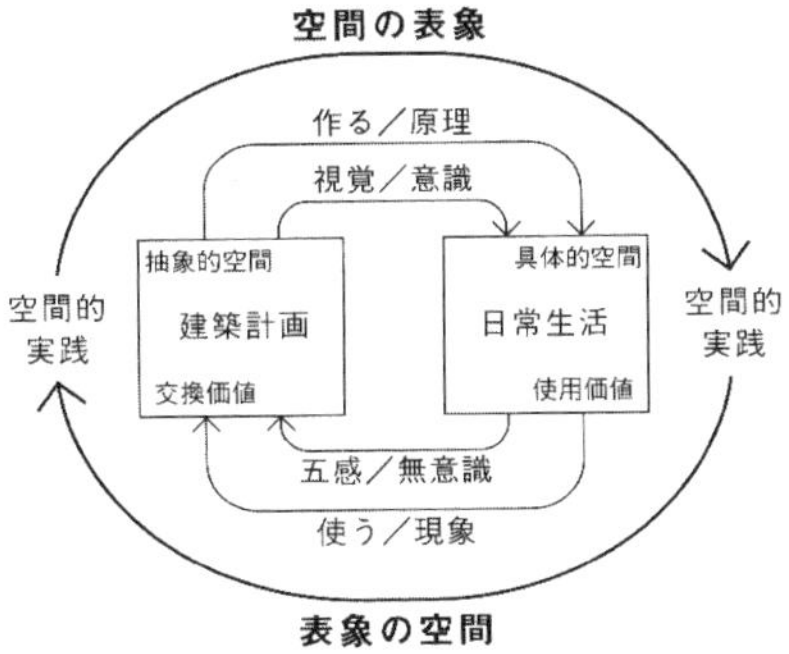

図4:『空間の生産』概念図・建築編
引用出典＝南後由和「都市の奏でるリズム」
（早稲田大学渡辺仁史研究室 時間-空間研究会
『時間のデザイン――16のキーワードで読み解く
時間と空間の可視化』鹿島出版会、2013）

『空間の生産』において、キー概念となるのが「空間の表象」「表象の空間」「空間的実践」という三つの次元です。図4を見てください。左から右への矢印が「空間の表象」で、建築家などの計画主体が位置づけられる次元です。これに対して、「表象の空間」という右から左への矢印は、住民やユーザーが位置づけられる次元です。そして「空間的実践」は、「空間の表象」と「表象の空間」がせめぎ合う場であり、モノを媒介する次元です。

言い換えるなら、「空間の表象」とは、視覚偏重で、抽象的で観念的な空間の次元、「表象の空間」とは、身体や五感を介して、生きられた空間の次元です。重要なのは、「空間の表象」と「表象の空間」は互いに静的で二項対立的なものではなく、動的で相互に作用し合う関係にあるということです。なぜなら、私たちの空間経験は、つねにすでに「空間の表象」に媒介されているからです。例えば、地図、ガイドブック、スマートフォンのGPSなどを思い浮かべてください。都市における私たちの経験はつねにすでにそれらの「空間の表象」によって媒介されています。生きられた空間の次元である「表象の空間」とは、「空間の表象」によってすべては規定されませんが、作用は被る。ただし、「表象の空間」の次元は、既存の「空間の表象」のあり方から逸脱し、それらを書き替えることもある。「空間の表象」と「表象の空間」の相互作用を、循環関係を持ったものとして捉えていこうとしたのがルフェーヴルのスタンスです。

例えば社会学者の上野千鶴子さんと建築家の山本理顕さんとの対談(上野千鶴子『家族を容れるハコ　家族を超えるハコ』平凡社、二〇〇二)の中に、建築家は空間が社会を規定すると考える「空間帝国主義」に陥っているという批判があります。空間が社会を規定するのではなく、社会が空間を規定するのだと。この「空間帝国主義」へ向けられた批判を、ルフェーヴルの言葉で言い換えれば、建築家は「空間の表象」によって、ある意図を持って空間をコントロールしようとするけれども、必ずしもユーザーはその意図どおりに使うとは限らないわけで、「空間の表象」と「表象の空間」のあいだにはズレが生まれるということです。従来、このズレは一般的にネガティヴなものとして捉えられがちでした。けれどもアトリエ・ワンは、「空間の表象」と「表象の空間」のズレをポジティヴに面白がっている。例えば、「空間の表象」と「表象の空間」の相互作用のタイムスパンを、一日や一カ月と設定するのと、一〇年、三〇年、五〇年と設定するのでは、そこから立ち現われてくる現象や原理は大きく異なってきます。「空間の表象」と「表象の空間」の相互作用、言い換えるなら「空間的実践」を後者の一〇年、三〇年、五〇年というスパンで見たときには、塚本さんが仰る、空間の形態と結びついた「ふるまい」や慣習が立ち現われてくるはずです。この発想を建築や都市の形態に置き換えていけば、アルド・ロッシのタイポロジーの議論［本書一二八頁］にも接続可能かもしれません。

またルフェーヴルは『空間の生産』の中で、建築家というのは「空間の表象」と「表象の空間」の狭間で宙吊りになりながら、その狭間でもがき続けるしかないと指摘しています。ルフェーヴルの指摘を敷衍《ふえん》すれば、優れた建築家は、「空間の表象」の次元にとどまるのではもちろんなく、「空間の表象」と「表象の空間」の関係性自体を一歩引いた「第三の視点」から捉えつつ、設計に落とし込んでいくことができるのだと思います。

建築との交差

ルフェーヴルは、特定の建築家を重点的に取り上げて評論するようなことはしませんでしたが、建築について書いたまとまったテキストがスペインの社会学者のアーカイヴにあり、二〇一四年に英語に翻訳されて出版されました。『Toward an Architecture of Enjoyment』という本です。この本からキーセンテンスを四つだけ紹介します。

ひとつめは、「Enjoyment, in the broad sense, gathers pleasure and enjoyment, in the narrow sense, in a space by restoring immediacy (the body)」。「Enjoyment」はフランス語でいうと「Jouissance」です。身体の直接性が空間に対してあるかどうかが、建築に「Enjoyment」が担保されているか否かの基準のひとつになっているということです。ルフェーヴルは、「領有」という概念を重視しました。領有とは、いわゆる「支配された」空間に絡めとられた商品としての建築を所有することではなく、住民やユーザーが自分たちの欲求に応じて空間を「支配する」ことを指します。

二つめは、「the irreducible becomes manifest」。非還元性が明らかになるといった意味で、例えば建築は、物理的な建築物に還元できるものではないということです。建築家はドローイングも描くし、模型もつくるし、CGもつくるし、文章も書く。建築的思考には、さまざまなメディアやスケールを横断して展開していくという特徴がある。そのことに関連して、ルフェーヴルは「architectural transformation moves apace with other transformations」ということを言っています。

三つめは、「It always comprises the near and the far order」。建築は、近い秩序と遠い秩序から成るという意味です。近い秩序とは、身体や日常生活、いわばミクロなものです。それに対して、遠い秩序とは、政治や経済の仕組みなど、いわばマクロなものです。建築とはミクロな次元とマクロな次元を両方包含している。つまり、近い秩序と遠い秩序の媒介項としてあるのが建築だということです。

四つめは、この本の結論部に書かれている文章で、「Works occupy space and become words. Words and concepts must now return to space, the space populated with works that have appropriated it.」。ここでいう「works」は「集合的な作品」

であったり、住民やユーザーの関与を含めたものとして考えてよいでしょう。しかもそれが新たな言葉を生み出し、再び空間へと戻っていく。これはアトリエ・ワンの実践を考えるうえでも示唆的な文章です。まさに塚本さんは建築のリサーチや設計において、独特な言葉やネーミングを与えるということをずっとやられているからです。後半のダイアローグでは、建築と言葉の関係、あるいは建築において言葉が果たす役割についてもお聞きしたいと思います。

議論の三つの軸

では最後に、後半のダイアローグに向けて、議論の軸を三つ提示しておきます。ひとつめは、「空間を生産する主体とは何か、それらをいかに捉えるか」です。ここで注意してもらいたいのは、「何か」であって、「誰が」とは書いていない点です。アトリエ・ワンの実践は、もはや人間中心主義的な次元を超えているでしょうし、空間を生産する主体というのは、風、光、熱などを含めれば、人間に限られないからです。二つめは、近年のワークショップやコミュニティデザインの文脈も踏まえつつ、「個と全体、建築家とユーザー、つくると使う、モノと人の二項対立をいかに超えるか」です。三つめは、「都市と政治をめぐる議論の重要性」についてです。私のほうからはルフェーヴルによる都市と政治の話を紹介しました。新自由主義や二〇二〇年の東京オリンピックをめぐって都市再開発が進む中、建築の設計をしているみなさんにとって、都市と政治をめぐる議論にどのような歴史的かつ現在的意義があるのかということを議論してみたいと思います。

塚本由晴×藤原徹平　モデレーター＝南後由和

［レクチャー］

ルフェーヴルとの出会い

塚本由晴　今日はまず、これまでアトリエ・ワンでやってきたことと、アンリ・ルフェーヴルの思想がどのように交差しているかについて話します。二〇〇一年に都市を観察した書籍『メイド・イン・トーキョー』（貝島桃代＋黒田潤三＋塚本由晴、鹿島出版会）と『ペット・アーキテクチャー・ガイドブック』（東京工業大学建築学科塚本研究室＆アトリエ・ワン、ワールドフォトプレス）を出版しました。西洋の建築理論を借りるのではなく、東京から建築理論を起こすとどうなるのかを考えたかった。この二冊はいろいろな受け止め方をされましたが、意外だったのは美術の分野からのラブコールで、展覧会に呼ばれることも多くなりました。「展覧会でペット建築をつくってくれないか」と言われるわけですが、誰かが使うわけでも、住むわけでもない展示物として建築をつくることには違和感がありました。この二冊が対象としていたのは、普通の人々がつくる実践的な建築です。無名の人々やその場所の条件がたまたまつくり上げたものの面白さに関心がありました。

二〇〇三年に、アメリカ・ミネアポリスで展覧会「How Latitudes Become Forms」に参加したときに、トルコの建築家からルフェーヴルの『空間の生産』を薦められて、東京に戻って読みました。自分たちが考えていることをうまく言い表わしているなと驚きました。その中に、作品か製品かという区別を議論するところがあるのですが、「都市」が作品のほうに挙げられていることに興味を持ちました。都市空間とは、いろんなところからやってきた、いろんな立場の人々が、寄ってたかって取り組んでいるうちにいつのまにかでき上がったもの、背景の異なる多様な配慮のあいだの均衡が維持されているものです。それを作品と呼ぶのは非常に面白いなと思いました。オーサーシップがあることが作品だと思っていましたが、オーサーシップを外しても時間をかけて醸成されたものであれば作品と見なせるというのは、目から鱗が落ちる思いでした。

リズム分析を東京にあてはめて考える

ルフェーヴルの『空間の生産』には「リズム」の概念[*2]が出てきます。最初はよくわからなかったのですが、《ガエハウス》(二〇〇三)を建てたときに、これこそ「リズム」だと理解できた気がしました。《ガエハウス》は、東京の世田谷区奥沢につくった小さな住宅です。奥沢一帯はおよそ九〇年前に開発され始めた住宅地です。日本の住宅の平均寿命が三〇年と言われているので、この街は少なくとも二回の建て替えを経験しています。ほとんど個人所有の住宅なので、建て替えはそれぞれの家族の都合次第です。しかもこの間の東京の社会や建築技術やサプライチェーンの変化は非常に大きかったので、建てられたときの条件を映して多種多様な住宅へと、ランダムに入れ替わっていきます。その結果、現在のような乱雑な都市空間が生まれたのです。「リズム」という観点から見れば、現代の東京の都市空間は十分理解可能で、八〇年代後半によく言われたカオスではないんです。

また「タイポロジー」という観点から見れば、奥沢の住宅地に建つ住宅のタイプはひとつです。敷地の中に建物がぽつんと建っていて、隣の建物と接しておらず、あわよくば庭がある、一家族のための戸建て住宅のタイプです。ところがそれが三〇年周期で変わり、その時々でそれを取り巻く条件が異なるため、同じ戸建て住宅の中に、少なくとも三世代が観察できます。戸建て住宅の系譜学「ジェネオロジー」です。戸建て住宅の世代間の違いは、異なる社会条件、経済条件、文化条件によって生産されたと考えることができるのです。東京の都市空間に対するリズム分析の応用から見えてくることのひとつです。

ビヘイビオロロジー＝ふるまいの学問

二〇一〇年にRizzoliから出版したモノグラフ『The Architectures of Atelier Bow-Wow: Behaviorology』の準備段階で、建築のデザイン、都市リサーチ、美術展で展開してきた「マイクロ・パブリック・スペース」など、活動は多岐にわたりながらも、「ふるまい」に対する関心は通底していることに気づきました。

例えば奥沢の住宅地の変遷は、時代ごとに戸建て住宅のふるまいが変わるということ。人が道に家具を出してご飯を食べることや、一日の中で天気が変わることもふるまいです。建物もふるまうし、人も自然もふるまいます。建築デザインは、建物、自然、人、この三つのふるまいを、ひとつの物理的な実体に統合するものと言えます。また、建物のふるまいが長い周期を持っているのに対して、降雨や気温の上昇など自然のふるまいはつねに移り変わっていきます。人のふるまいも、毎日繰り返されるふるまい、一週間ごとに繰り返されるふるまい、一年を通したふるまい、そういうカレンダーがあるわけです。時間の尺度をどうとるかで、さまざまなふるまいが現われるところが面白い。デザインの実践は、どのふるまいとどのふるまいを関係づけ、統合するかについて考えていくのですが、そのプロジェクトを特徴づけるいろんなふるまいを発見していくことで、建築のデザインは豊かになっていく。

「ビヘイビオロロジー＝ふるまい学」は、あらゆるところにさまざまなふるまいが存在することを教えてくれます。しかも日が差して温度が上がることは自然の摂理ですから、私たちには変えられない。今この部屋にも足を組んでいる人がいますが、「足を組むのは俺のふるまいだから、君たちやっちゃだめだよ」とは誰も言えない。ふるまいの原理は、自然の要素や各個人に内蔵されているので、設計者といえども触れることができない。だからこそ誰も独占できず、繰り返される。つまり共有できるということなのです。

コモナリティ、スキル、リズム

ビヘイビオロロジーを通して、次第に空間に潜在している「共有性」について考えるようになりました。建築をつくるときも、自分の表現ではなく、タイポロジーを捉えなおして新しい世代のものをつくることを考える。都市空間に対峙するときも、その街の人たちがすでに知っているふるまいに寄り添い、束ねることで、人々を勇気づけることを考える。建築設計は、建築家の個人性に属しているのではなく、人々の側にあるという考え方。これを「コモナリティ＝共有性」と名づけて、『コモナリティーズ――ふるまいの生産』（LIXIL出版、二〇一四）を出版しました。この本には、人々が都市空間をどう領有しているかという視点から得た数々の発見と、そこから導かれた理論が収められています。

コペンハーゲンの街なかにある橋の欄干に、夏の夕方遅くまで人々が座り込んでいます［図5］。肌寒いくらいの気候で、自転車で通り過ぎる人は長袖ですが、座っている人たちは半袖です。日中、石の手すりが日差しを浴びて熱を蓄えていて、人々はその熱が徐々に放出されてくるのを背中に感じながら座っています。つまり、熱のふるまいと人のふるまいがシンクロしている。自然のふるまいに対する理解が人間のふるまいを誘導して快適さや楽しさにつながり、街の公共空間をつくる。こういうものもルフェーヴルの言う「領有」［＊3］だと思うのです。

図5：コペンハーゲン中心部のDronning Louises橋。太陽で温められた欄干が蓄えた熱と人のふるまい
撮影＝アトリエ・ワン

図6：花見における自然のふるまいと人々の日常のふるまいの共有
撮影＝アトリエ・ワン

誰も人為的なサービスを受けていない。自分たちが見つけて、自分たちがふるまう。一定の秩序を保つような目配せがあって、人が集まりすぎないところも素晴らしい。

日本にも、花見という素晴らしいふるまいがあります［図6］。年に一度桜が咲くという自然のふるまいに、飲んだり食べたりという日常のふるまいを重ね合わせることで、人々は春の到来を祝福する。そこに同じ時間と場所でふるまいを共有することによって発生する、パブリック・スペースの面白さがあると思うのです。桜が咲いたらどうふるまえばいいかを人々が知っているのです。それが洗練されれば、スキルになり、地域固有の文化になります。

このようにふるまいとは、ある環境や条件に生身の身体が投入されることによって、そのつど生産されるものです。それは繰り返され洗練されて、身体のスキルになっていきますが、ふるまいが生まれるそもそもの条件の中でも特に重要なのは、身の回りにある「資源」です。この「資源」に対する人々のアクセスが確保され、インタラクションが可能となり、それが最大化されるときに生まれる一体感が、パブリック・スペースの価値をつくるのです。

ブルーノ・ラトゥール「アクター・ネットワーク・セオリー」

ふるまいから反復のリズム、共有性、そして資源へというふうに思考を重ねてきたところで、次に刺激を受けたのが、ブルーノ・ラトゥールの「アクター・ネットワーク・セオリー」です。ラトゥールはフランスの科学人類学者、科学技術社会学者なのでルフェーヴルの影響は当然あると思います。人間-物質、生物-非生物を問わぬあらゆるアクター（存在）をエージェント（行為主体）として全対称に扱い、それらの連関がハイブリッドなネットワークをつくっているという存在論的転回を社会学、人類学にもたらしました。「アクター・ネットワーク・セオリー」を建築デザインやライフスタイルなど日常を形づくっているものに応用することは、細部にわたって産業化、制度化された私たちが生きる社会の日常生活批判になります。建築を勉強している人は自分たちがどういう世界にいて何をしているのかを、まずは理解する人になってください。そして構造的な問題を見つけて自らの身体を投入してください。スケールを横断しながら実感を持って物事を捉える。そうやって現場に入っていく建築のデザインは、じつは人類学や民俗学に近いのです。

［ダイアローグ］

二項対立を無効化する遊戯性

藤原徹平　じつは塚本さんとは学生時代に「トーキョー・リサイクル・ガイドブック」（二〇〇一）で関わらせていただいていて、当時から空間を使うユーザーの側の創造性について盛り上がった記憶があります。私の修士論文のテーマはシチュアシオニストについてでした。論文のテーマが全然決まらず悩んでいたときに、北山さんからシチュアシオニストの全集を紹介されたのです。シチュアシオニストの思想は、学生時代に取り組んだ仮設建築プロジェクトでの実践に通じるものがありました。横浜国立大学では、伝統的に学園祭で仮設建築をつくります［図7］。大学の学園祭ではある種の政治的な場が生まれますが、当時は半ば本気で、仮設建築によって大学という空間の政治学を変容させようとしていたんです。いつも新しいふるまいの生産ができないかと狙っていました。そういう意味ではシチュアシオニストも影響を受けているルフェーヴルの思想はすごく腑に落ちる感じでした。北山さんからシチュアシオニストを紹介されたちょうど同じ頃、横浜国立大学で教鞭をとられ、フランス思想にも詳しい映画評論家の梅本洋一さん[＊4]から、ギィ・ドゥボールについても教えてもらいました。ドゥボールはシチュアシオニストのリーダーで思想家でありますが、映画をつくったりもしています。彼の思想は今読んでも非常にインパクトがあるんですが、狭量なところがあって、すぐ仲間を除名しちゃうんですね。自分以外の思想や行動をなかなか認めないところもあって、その排他的な性格からかグループとしてのシチュアシオニストは自滅していきます。私はむしろ実践としては、シチュアシオニストではなくフルクサス[＊5]に関心がありました。フルクサスはあまり政治的ではなくて、ハプニングや遊戯性から都市空間を観察し、創作のリソースにしてしまいます。どこか塚本さんたちのスタンスにも近い。政治的攻撃性はなくても、結果的に権力的な文脈を無力化してしまう、脱力状態にしてしまう創造性について考えたいと、大学院のときには考えていました。

図7：横浜国立大学の学園祭でつくった仮設建築の模型
提供＝藤原徹平

塚本さんの創造のベースには遊戯性があるように思うんですね。人間のアクティビティや文化における基底的に重要なこととして「遊び」があります。塚本さんの遊戯性の解釈はそれ自体政治的スタンスかもしれないし、同時にもちろん文化的なもののはずです。塚本さんは、権力によって空間を剥奪される社会のあり様に対する危機感は持っていらっしゃる。しかし権力的闘争を直接叫ばずに、むしろ遊戯的なアプローチで回りこんで攻めているなあと感じています。

南後　遊戯性という概念には、ある規則を設けて、それを遵守するからこそ生まれてくる創意工夫や自由があると同時に、権力と被権力をはじめ、さまざまな二項対立の境界を無効化してしまう作用があると思うんです。モノを使って遊んでいるときにはモノと身体の境界が、集団で遊んでいるときには自分と他者との境界が消失する享楽がある。遊戯性は、政治的に正しいか否かを超えて、身体的な快楽として共有可能なものでもある。

ルフェーヴルが活躍していた六〇年代から七〇年代にかけては、政治的なものに対するカウンターカルチャーというストレートな「反」や「抵抗」の方法論が成立していました。しかし、現代においてそれは困難になっています。政治的あるいは権力的な力学に巻き込まれることに抗する意識を、従来のストレートなカウンターではないあり方で、いかに批判的に継承しうるでしょうか。

塚本　子どもの頃から身の回りの環境を使って自分たちの遊びを開発するのが好きでした。今思い返してもかなりクリエイティヴだったと思います。そこに批評性というか、ひねりを加えることを覚えたのは、テレビの「オレたちひょうきん族」だったかもしれません。それ以前の笑いは「笑点」とか「8時だョ！全員集合」でした。それは安心して見ていられる笑いですね。でもたけし、さんま、片岡鶴太郎、山田邦子などによる「ひょうきん族」は無意味でばからしいところに毒があって、もっと複雑だと思いました。シナリオがあるようなないような、脱臼の連続みたいなものがすごく面白かった。予定調和ではない分、芸人の個の力が引き出されていて、演じている人たちも意外性に驚いているようでした。普段のクラスメートとの遊びや冗談の言い合いはそんな意外性の連続ですよね。それまでの笑いには型や制度があるということを、もちろんそんなことは中学生は言葉にできませんが、体得したような気がします。そのような笑いの制度、予定調和に対する異議申し立ては、テレビ業界ですから一方的にはできませんよね。そのことを知りながら必死にやろうとする滑稽さ、それをテレビを通して離れたところにいる視聴者に見せるユーモア。それが「ひょうきん族」ではなかったかと思います。

『メイド・イン・トーキョー』では東京の建築的なナンセンスを紹介しました。それは建築ジャーナリズムがこれまでつくり上げてきた価値観からすればばからしいものだらけです。でも一生懸命つくった結果おかしなものができている。そういう建築のほうが東京の現実であり、開放感があっていいと思ったんですね。そうしたらその感覚を信じてやってみるしかない。この場合はガイドブックのパロディをつくった。モダニズムの建築言語のシステムを使って、そのシステムが守ってきた価値観からすればナンセンスなものが生まれることにより、システムが内側から食い破られる。その瞬間を目撃する知的興奮が『メイド・イン・トーキョー』にはあると思います。「マイクロ・パブリック・スペース展」(広島市現代美術館、二〇一四)では、人々が場をつくっていくことへの興味を、美術展という悪ノリも許される枠を借りて一気に展開しました。公共空間に介入する社会実験みたいなものですが、潜在的なふるまいが日常のとばりを破って現われてくる。そういう面白さに根本的な意義を感じます。

南後　内側からシステムを食い破ることは、ルフェーヴルの言う「日常生活批判」に通じますね。もうひとつ興味深いのは、塚本さんたちが観察対象にニックネームを付けて「見立て」をしていることです。「見立て」も遊戯性のひとつだと思いますが、それは人間中心主義を超えて、建物と人間と自然のふるまいを統合して捉えていくことでもある。一般的に社会学者は、ふるまいについては人間の規範‐慣習‐文化の関係ぐらいしか語りませんが、塚本さんは建物や自然といったものにも、ふるまいを見出す。

フィールドワークには観察対象として目的語が設定されますが、アトリエ・ワンがやっている観察の面白さは、そのさまざまな目的語が主語に転換されて語り始めることにある。『メイド・イン・トーキョー』では、例えば「ハイウェイデパート」[図8]や「倉庫コート」として、使用形態や周辺環境の履歴が刻印されたメディアとして、建物が語りかけてくる。あるカテゴリーやニックネームを付与することによって、目的語が主語化していくということです。そういう意味で、「ビヘイビオロジー」や「アクター・ネットワーク・セオリー」が示唆するように、空間を生産する主体はもはや人だけではありえないわけですね。

図8:「ハイウェイデパート」
引用出典=『メイド・イン・トーキョー』

「コミュニティ」ではなく「コモナリティ」

藤原 『コモナリティーズ』が刊行されたときには塚本さんは名づけの天才だなと衝撃を受けました。通常は、こういう場合は出てくる語は「コミュニティ」だと思うんですが、それをうまいこと別の名前をつけている。どういう経緯で「コミュニティ」ではなく「コモナリティ」という新しい語が生まれたんでしょうか。

塚本 「コミュニティ」というと、人が集まる場のことを想像しますよね。もちろん人の活動が根拠になって建築がつくられるわけですが、現代の建築の課題は、人間も含む資源とどのように向き合うかにあると考えています。資源に対するアクセシビリティの確保、それに対するインタラクションの最大化、それによって生まれる他者への責任。インタラクションを起こすことは、環境を変え、ときにダメージを与えるかもしれない。でも植物や生物のように再生産される資源もあるし、人のスキルのように増える資源もある。資源の共有およびそれと関わることを通して生まれるふるまいの共有を通して「コモナリティ＝共有性」が生まれ、コミュニティを組織化し、その紐帯を強めることも可能です。今やるべきなのは、建築をつくることを通して地域の資源へのアクセスをよくして、それをよりよく利用するスキルを高めることだと考えています。

藤原　内発的な問題意識を論理的に組み立てていって新しい言葉をつくりだすということは、本当にすごいことだと思います。

コモナリティーズと暴力性、政治性

南後　ルフェーヴルの概念で「エンジョイメント」というものがあります。空間の生産に身体の直接性をもって関与することで「楽しみ」を享受するという、肯定的で明るい意味合いがありますが、一方でルフェーヴルは、建築の暴力性や抑圧についても語っています。それは元来、建築が権威的で政治的な側面を備えているからだと思います。しかし、塚本さんが現在やられていることは、どちらかと言うと前者のポップな「エンジョイメント」のほうだけのようにも見えます。建築が持つ暴力性や政治性をどう捉えているのか伺ってみたいのですが。

塚本　「エンジョイメント」のほうだけ、つまり楽しんでるだけじゃないの？　という批判ですね。でも「エンジョイメント」の空間を世の中に出していくのは容易ではありませんよ。なぜなら制度化されていない非施設型の空間というのは、法律で確定されていないし、専門家もいないし、近代的な政治や行政の仕組みでは予算化できないのです。そのハードルを超えること自体が、施設型の空間が持つ暴力性や政治性に対するカウンターアクトになると思います。一方施設型の空間も、明治維新のときにさまざまな施設が近代国家確立のために西洋の様式で権威の象徴としてつくられたのを第一世代、戦後の復興の中でより民主的な社会の実現のために近代建築の様式で市民のものとしてつくられたのを第二世代、バブルの前後で経済活性化のためにポストモダンの様式でつくられたのを第三世代とすると、これからは第四世代の施設型の空間になっていくはずです。この間、第一世代では目に見えて明らかだった建築の政治性、権力性が、第二、第三世代になるにつれてかたちとしては見えにくくなっていく一方で、産業社会を支援する制度の環境化が進行し、人々の生きる空間はますます管理されるようになってきています。特に都市部では産業社会の連関の外で生きるのは不可能に近い。何をするにも専門家に任せ、そのサービスを受けなければならないし、そのための対価を支払わなければならない。

そのことに息苦しさを感じている人は多いのではないでしょうか。しかし、最初は施設を使うことによって学んでいった、施設を施設たらしめるふるまいについては、これだけ世代を経てきた段階では、もう人々は十分身につけていると言えるでしょう。教室における学ぶこと、博物館における地域の歴史や自然の生態を調べること、図書館における本を読むこと、美術館における美術を鑑賞すること、劇場における音楽を奏でること、事務所における働くこと、公共の空間におけるお茶を飲むことなどのふるまいは、それぞれの個人が環境さえ揃えばできるようになっている。そういうふるまい、スキルを持ち寄ることもコモナリティにつながります。

古い建物のリノベーションは、傷んだところを直したり、補強したりするだけではだめで、当初の目的とは異なってもいいのでとにかく誰か使う人を見つけなければならない。そのときに、施設を通して身につけたふるまいを持ち寄るようなことがよく起こっていますよね。図書コーナーがあったり、カフェがあったり、ワークショップができる空間があったり、小さなオフィスがあったり、まるで小さな複合施設のようです。施設型の空間も人々にふるまいやスキルを教え込む場所から、人々がふるまいやスキルを持ち寄り、交換する場に変わっていくと思います。それでもまだ建築の暴力性や政治性というのは、完全には払拭できないでしょう。すでに今までの暴力性や政治性の外見とは違うものになって別の問題が先鋭化し、すでに蔓延しています。ひとつは人々に予定されている安心、安全な経験だけを提供することに執着する管理の論理です。これは表向きには予測できない経験にさらすことによって人々を不幸にしたくないからだと説明されますが、裏側にはクレームをなくそうという管理側の防衛本能が働いています。そのことによって人々は公共空間にいながら自由を奪われたような状態に置かれますし、建築の空間も同様の観点からあり方を制限されることでこの論理を補強してしまいます。もうひとつは資源へのアクセシビリティが貧困などの社会的格差、個人的背景などによって制限されることです。先日パリ中心部で同時多発テロがあったとき(二〇一五年二月二三日)、私は五〇〇mほど先で夕飯を食べていました。同じパリで暮らしている人の中からもテロリズムが起こる。今、それぞれの個人をかたちづくってきた背景に対する想像力が、これまでになく大事になっていると感じます。それがないと現状はどんどん悪い方向に進んでしまう。どうやったら個人が抱え込んでいる思いを忖度《そんたく》するか。抱え込みすぎて爆発してしまう前にみんなで共有する方法はないのか、そういうことを考えざるをえません。今はまだわかりませんが、この問題も建築にきっと影響してくると思います。

南後 コモナリティが生み出す関係性は、水平的関係を連想させます。そこでお聞きしたいのは、水平的関係はスケールをどんどん大きくしても維持可能なのかということです。言い換えると、どこかで政治性が入りこんでくるのではないか。そこに建築家の社会的ポジショニングも関わってくるはずです。コモナリティによる水平的関係は、住宅や「マイクロ・パブリック・スペース」のレベルのスケールでは有効だと思いますが、再開発や都市といったビッグ・スケールにおいていかに維持されるのでしょう。

塚本　おっしゃる通りスケールを上げればどこかで政治的関係が入りこんで、水平的関係よりも垂直的関係が主調になるのは避けられません。それは制度や経済を含めて産業社会的な連関に空間が組み込まれることだと言い換えることができます。これに対比されるのが民族誌的連関で、まさにコモナリティによる水平的関係というのがこれに対応します。建築はこの産業的連関と民族誌的連関にまたがっているというのが私の認識です。再開発や都市といったビッグ・スケールも小さな部分の集積なので、そのことは変わらないはずです。ただ、一般には大型の開発は、産業社会的連関の中だけでつくられ、運営される空間を生産することで、人々と民族誌的連関のあいだの障壁になります。こういうときには、ふるまいによるコモナリティが持つ長い時間尺度や、資源としての自然のふるまいなど、拡大したコンテクストにプロジェクトを位置づけることで、部分部分において民族誌的連関へのつなぎ

図9:《みやしたこうえん》
撮影＝アトリエ・ワン

込みをするのが良いと思います。例えば、自然のふるまいを資源とする集団的な花見は、記録としては豊臣秀吉の茶会にまで遡る四〇〇年以上の歴史がある。桜の中に資源を見出した秀吉のエンジョイメントは、われわれが行なう花見の中にも引き継がれている。コモナリティは空間だけではなく時間も含んだ時空間を扱っているのです。

南後 出来事の履歴や「決定」の積み重ねなど、垂直の時間軸も含まれてくるということですね。

塚本 そこにはそのふるまいが辿ってきた権力や政治との関係も記録されています。まちづくりでは、その場所に古くからあるふるまいに価値を求め、参考にしようとします。でも、そこに戻るか戻らないかは政治的判断です。何を手本にするかはつねに政治の問題なのです。現代は二〇世紀が知らず知らずにつくり上げた、民族誌的連関への障壁に対して、これを壊し、低くし、溶かし、穴を開けることが、建築のプロジェクトになると思います。しかしそれは建築だけではできないことなので、政治的ネゴシエーションが必ず出てくる。アトリエ・ワンが手がけた《みやしたこうえん》(二〇一一)［図9］では、どのようなふるまいが公園を領有すれば、より多くのサポーターが集まり、将来性のある資源の活用につながるのかを議論するようなプロジェクトでしたが、ホームレスの人たちの支援者、公共空間でパフォーマンスするアーティストなどから抗議が湧き起こりました。新しい計画は、かつての公園でのふるまいをすべて排除するものだとの思い込みによって、政治化されたわけです。実際の計画では公園を支えている駐車場の構造体の緑道沿いにホームレスの人たちに移動してもらいました。こういうことがあったので、運用上夜間は施錠せざるをえなくなりました。

質疑

北山恒　空間を生産する主体は何かという話は、非常に面白かったです。建築家は今、都市をどう意識するのかという問いを突きつけられています。「空間の表象」と「表象の空間」の構造的関係は持続していますが、両者の闘争に陥ることなく、そこからいかに逃げていくかが重要です。そのときに「遊戯」という俯瞰する視点が出てくるわけですね。そういう意味で塚本さんの話は、俯瞰的で構成的な話とも言えます。世界を一回外に置く作業をしなければいけないということです。その視点を持ったときに、私たちが建築だと思っているものとは違う、別の次元の建築に到達できるのではないか。そういうものが、ひょっとすると主体と主体のあいだから生まれてくるのではないかという期待があります。

南後　隙間で戯れるだけの遊戯ではなくて、構成する視点、俯瞰する視点の重要さについて、ルフェーヴルも「メタ哲学」という言い方で強調していますね。

藤原　塚本さんは西洋的な思想を意識はしているものの、考え方は非常に内発的だと感じます。建築は時には一〇〇〇年というタイムスケールで残るものです。それほどの時間の移り変わりの中で、別の政治や別の空間が生産し、示しうるということは非常に重要だと思います。そこに建築の価値や希望も感じます。

塚本　フィジカルに定着させるのは建築の力なのですが、モニュメントである必要はないと思います。つねに再現されることを考えなければいけない。建築家がモニュメントの設計を求められることがあるのはたしかですが、これからはモニュメントを社会に物理的に定着させることがどんどん難しくなっていきます。第一次世界大戦までは戦争に勝つと凱旋門を建てたんですよ。今やったら世界から顰蹙《ひんしゅく》を買います。特に日本なんて戦争に負けたものですから、何をモニュメントにしたらいいかがいまだによくわからないんですよ。そういう意味でも、モニュメントとは何なのかをあらためて考えなければならないと思っています。

最後に批評の重要性に触れて終わりたいと思います。日本では七〇年頃に建築批評が花開き、それによって建築表現が政治的にもなりました。それ以降建築のディスクースは批評を糧に展開していきましたが、冷戦が終結し、バブルが崩壊し、メディア環境が大きく変わった今では、批評している端から自分が批評にさらされるようになります。社会の複雑化がスピードを増す中で、多くの人が「批評なんていらない（できない）」と思っているのではないでしょうか。

しかし私はやはり建築批評は必要だと思っています。単純な意義申し立ては難しいけれど、自分たちが一体何をしているのかということを俯瞰し、その理解で良いかどうか、そのうえで何をどうしたらいいか語り合うべきです。デザインとは何かを前に投げることです。アクションを起こすことで初めて、自分たちが取り囲まれている条件と、それを分析する手段が見えてくる。めげずにアクションを起こすには批評的精神が絶対に必要です。批評、とりわけ都市と政治をめぐる議論の重要性は、「日常生活批判」と「アクター・ネットワーク・セオリー」を通して建築の問題として再び戻ってきている、というのが私の実感です。

［編註］

＊1　シチュアシオニスト……映画作家のギー・ドゥボール（一九三一‐九四）らにより一九五七年に結成された「アンテルナシオナル・シチュアシオニスト」のメンバー。建築家のコンスタント・ニーヴェンホイス（一九二〇‐二〇〇五）も一時期在籍し、「ニューバビロン」などの作品を制作した。

＊2　「リズム」の概念……『空間の生産』では、身体と自然のリズムの関係がつくる、空間の歴史、空間的・時間的リズムへの言及がなされる。「空間の歴史を探求するための出発点は、自然空間の地理学的記述の中にではなく、むしろ自然のリズムの研究の中に、このリズムの変形の研究の中に、そしてこのリズムを人間の活動（とりわけ労働にかかわる活動）によって空間の中に組み入れる過程の研究の中に、見いだされるべきである。それゆえ空間の歴史の研究は、社会的実践によって変形させられた自然の空間的・時間的リズムから始まる」（一八七頁）。「身体の中で、身体を軸にして、さまざまなリズムが、水の表面と同じように、あるいは流動体の塊の内部と同じようにして、たがいに交差し、交錯し、重なり合い、そしてつねに空間に結びつけられている」（三〇二頁）。

＊3　ルフェーヴルの言う「領有」……『空間の生産』において、「領有」は「所有」「支配」に抗い、交換価値に対する使用価値の優位とともに示される。「英知と快楽によって構築される遊びの空間や享受の空間が、いまなお存在する（…中略…）。空間において、空間を通して、作品が生産物に浸透することができ、使用価値が交換価値よりも優位に立つことができる。

〈領有〉が世界を転覆して、〈支配〉を（潜在的に）圧倒することができる」（五〇〇頁）。「領有それ自身は時間（諸種の時間）、リズム（諸種のリズム）、象徴、実践をふくんでいる。空間が機能化されればされるほど、空間は空間を単一の機能に還元して空間を操作する『当事者』によってますます支配されるようになる。そして空間はますます領有にとって不適切なものになる。それはなぜか。それは空間が生きられる時間の領域から排除され、ユーザーの時間から排除され、多様で複合的な時間から排除されるからである」（五一三頁）。

＊4　梅本洋一……一九五三–二〇一三。映画批評家、横浜国立大学教授。『映画は判ってくれない――The motion picture』（フィルムアート社、一九八四）、『視線と劇場』（弘文堂、一九八七）、『建築を読む――アーバン・ランドスケープ Tokyo-Yokohama』（青土社、二〇〇六）など。

＊5　フルクサス……一九六〇年代前半にジョージ・マチューナスが主導した、ニューヨークを中心に興った芸術運動。ジョージ・ブレクト、ディック・ヒギンズ、ヨゼフ・ボイス、ナム・ジュン・パイク、オノ・ヨーコらが参加。特に「ハプニング」や「イベント」と言われる身体表現は全世界で展開され、従来の芸術概念に疑問を投げかけた。運動は実験音楽、実験映画などのジャンルにも及んだ。

コーリン・ロウ

Colin Rowe

処方箋としてのコラージュ・シティ

一九二〇　イギリス・ロザラムに生まれる
一九三九-四五　リヴァプール大学にて建築を学ぶ
一九四八　ロンドン大学ヴァールブルグ研究所に所属
一九五一-五二　アメリカへ移住し、イェール大学で学ぶ
一九五四-五六　テキサス大学オースティン校講師を務める
一九五八-五二　ケンブリッジ大学で博士号取得、同大学で講師を務める
一九六二-九〇　再びアメリカへ渡りコーネル大学で教鞭をとる
一九七六　*The Mathematics of the Ideal Villa and Other Essays*
（『マニエリスムと近代建築』伊東豊雄＋松永安光訳、彰国社、一九八一）
一九七八　*Collage City*（フレッド・コッターとの共著）
（『コラージュ・シティ』渡辺真理訳、ＳＤ選書、二〇〇九）
一九九九　アメリカ・ワシントンD.C.にて死去

Colin Rowe◎建築史家、建築批評家

市川紘司

多彩なる経歴

市川紘司　コーリン・ロウは、二〇世紀後半の建築・都市論をリードした建築史家、建築批評家、建築教育者。主著として『マニエリスムと近代建築』(一九七六／邦訳＝彰国社、一九八一)［図1］と『コラージュ・シティ』(一九七八／邦訳＝SD選書、一九九二)［図2］が知られています。

生まれはイギリスで、一九二〇年。四五年にリヴァプール大学を卒業し、四八年にはロンドン大学ヴァールブルグ研究所に所属して「イニゴー・ジョーンズの理論的ドローイング」という修士論文で修士号を取得しました。そしてこの時期からイギリスの建築雑誌『Architectural Review』に理論的な論文を発表しています。後に『マニエリスムと近代建築』に収録された「理想的ヴィラの数学」(一九四七)や「マニエリスムと近代建築」(一九五〇)などです。

修士を終えたロウはリヴァプール大学での教職後、アメリカに渡ります。まずイェール大学で学ぶ(一九五一－五二)と、テキサス大学(一九五四－五六)とコーネル大学(一九五六－五八)で教職を歴任。短期間でイギリス、そしてアメリカを東、西、東とせわしなく移動したことになりますが、この間、ジェームス・スターリングやピーター・アイゼンマンといった二〇世紀後半を代表する建築家を指導しています。

その後、今度はイギリスに戻ってケンブリッジ大学で教えた時期を挟み、コーネル大学の教授に落ち着きます。これが一九六二年。ようやく活動拠点を定めたロウは、上記二冊の主著の刊行や、アイゼンマンやリチャード・マイヤーらニューヨーク近辺で活動する建築家グループ「ニューヨーク・ファイブ」の理論的支援者としての役割も担いました。

その後、一九九〇年に教職を引退。一九九九年にワシントンD.C.で没します。

図1:『マニエリスムと近代建築』

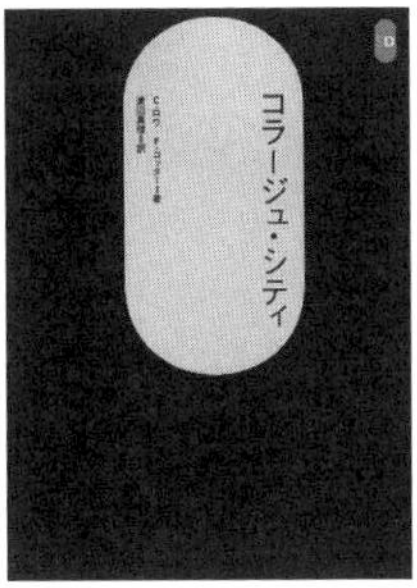

図2:『コラージュ・シティ』

断片性——建築家にインスピレーションを与えつづける理論

さて、以上のプロフィールから、ロウについてわかることがいくつかあります。

まず、『第一機械時代の理論とデザイン』(一九六〇／邦訳＝石原達二＋増成隆士訳、鹿島出版会、一九七六）の建築史家レイナー・バンハムや、『建築の多様性と対立性』（一九六六／邦訳＝伊藤公文訳、SD選書、一九八二）の建築家ロバート・ヴェンチューリらと同世代に当たること。建築や都市におけるモダニズムに対して批判的に対峙したり、新たな価値観から評価を与えた世代にロウは属するわけです。

また、建築の専門的研究者でありながら、美術史的素養を多分に含んでいました。修士時代に所属したヴァールブルグ研究所はヨーロッパ古典美術の研究機関です。ロウの修士論文の指導者は美術史家ルドルフ・ウィットカウアー。ルネサンス期の建築家アルベルティ［＊1］やパッラーディオ［＊2］の建築の比例や幾何学を論じた『ヒューマニズム建築の源流』（一九四九／邦訳＝中森義宗訳、彰国社、一九七一）の著者です。ロウの主要論文「理想的ヴィラの数学」はパッラーディオとル・コルビュジエの建築形態を比較分析するものですから、興味の対象や分析手法を引き継いでいることがわかります。

ひとつの場所にとどまることなく、あちこちを動き回ったこともロウの特徴です。イギリス、およびアメリカの西海岸と東海岸という実際に居住した場所に加えて、ヴァールブルグ研究所がもともとドイツ・ハンブルグで創設された機関である点を踏まえると、バックグラウンドの多様性はより際立ちます。美術史と建築史。拠点の複数性。ロウは単一の土壌でつくられた「純粋培養」の学者ではないわけです。

興味深いことに、ロウは建築史・建築理論において絶対的な評価を獲得していながら、まるごと一冊書ききったという主著がありません。このことはロウの「非-純粋培養」性がよく表われた特徴であるように思います。『マニエリスムと近代建築』は約三〇年という時間をまたいで個別に書かれた論文のアンソロジー。『コラージュ・シティ』と他界後に刊行された『イタリア一六世紀の建築』(二〇〇二／邦訳=稲川直樹訳、六曜社、二〇〇六)はともに一冊の書物ですが、それぞれフレッド・コッターとレオン・ザトコウスキとの共著でした。

歴史家にしろ批評家にしろ、およそ文章を書くことを生業とする人間は、「一冊の書物」というスケールで思考をまとめ上げて初めて一人前と認識されるものですが、ロウは最後までそのようなことはしなかった(あるいはできなかった)。

するどい眼力と発想力に特徴があるロウの思考は、たしかに長尺の文章や論理展開には適さないかもしれません。しかしその断片性ゆえにこそ、ロウは、実制作者である建築家にインスピレーションを与えつづけているとも言えます。スターリングら直接的に指導した建築家は数多く、あとで触れる「透明性」に関する議論などは、遠く日本の現代建築にも強い影響を与えています。

『マニエリスムと近代建築』

『マニエリスムと近代建築』には九編の論文が収録されていますが、とりわけ重要であるのは、ル・コルビュジエを切り口とした最初期の二編、そして「透明性――虚と実」です。

「理想的ヴィラの数学」(一九四七)は、ル・コルビュジエとパッラーディオの建築をダイアグラム化することで、両者のプランや立面に共通する比例の法則を指摘したもの。「マニエリスムと近代建築」では、ル・コルビュジエの初期作《シュオブ邸》(一九一六)を端緒として、近代建築の背後にあるマニエリスム的性質(不安感や意図的なズレの表現)が抽出されます。いずれにおいても、過去の建築様式との決別を謳ったはずの近代建築が、じつは歴史と地続きであったことが示されています。

このように、近代建築を、それ以前の建築と比較しながら新たな価値フレームへと位置づけなおすことが、ロウの建築論の大きな特徴です。そして、特にル・コルビュジエ建築の形態的側面からの読みなおしは、「ニューヨーク・ファイブ」に代表される、一九七〇年代以降の建築の形態的・形式的操作に主眼を置く、いわゆるフォルマリズムの思想的潮流に多大な影響を与えました。

「透明性——虚と実」(一九六三[実際に書かれたのは一九五〇年代中盤])は、キュビスム絵画の分析を足がかりに、ガラスのような透明素材による文字通りの透明性(実/リテラル)と、空間構成の複層性によって現象的に発生する透明性(虚/フェノメナル)とを峻別したうえで、前者にヴァルター・グロピウス、後者にル・コルビュジエを代表させて論じた論文です。「奥の思想」(槇文彦)などに象徴されるように、日本人はどこか伝統的に、都市や建築における「虚の透明性」を肯定的に捉えているように思います。そういうわけで、ここで展開された議論は日本人にとって不思議なほどスムースに理解できます。実際、たびたび参照されますね。

本書のテーマである「これからの都市・建築」という観点からすれば、「シカゴ・フレーム」(一九五六)も特筆すべき論文です。これは一九世紀末シカゴで誕生した高層ビルにおける鉄骨フレームの革新性をめぐる内容ですが、ここでロウが強調するのは、このフレームは欧州のモダニストにとっては理想的合理性を生み出す抽象的・理論的エンジンとなったが、その先駆者たるシカゴでは、投資家の欲望を最大化するためのたんなる経済的で実利的な手段であったこと。「シカゴ派」と呼ばれる建築家は、鉄骨フレームに積極的に革新性を見出したのではなく、ただ「求められた」ために使用したにすぎなかったのだと指摘しています。

ル・コルビュジエに代表されるように、近代の建築家は都市のトータル・デザインを目指しました。しかし戦後の加速する都市化の中で、建築家がそうした構想力を発揮するチャンスはそうそうなく、逆に政治や資本のロジックで都市は駆動していく。そのような状況をいち早くキャッチし、過去の類例として一九世紀末シカゴを引っ張ってきたのが論文「シカゴ・フレーム」と言えます。この点で、レム・コールハースの『錯乱のニューヨーク』(一九七八/邦訳[文庫版]=鈴木圭介訳、ちくま学芸文庫、一九九九)へと通じる都市論・建築論と言うことができるでしょう。都市の建築を考えるとき、建築家は主役などではなく、背後にある状況やシステムこそを重要とする点も、コールハースと論調は似ています。

器用人《ブリコルール》による都市のデザイン——『コラージュ・シティ』

ロウのもうひとつの主著『コラージュ・シティ』は都市論です。その主旨を乱暴にまとめてしまえば、ルネサンスに始まって近代に頂点を迎える、建築家の誇大妄想的な「ユートピア主義」への批判となります。あらゆる事物が調和したユートピア都市をゼロから構想するのではなく、すでに存在する歴史的都市をよく見、ときに衝突しながらも断片的な変形や介入をほどこすことで、多層的な秩序を持った都市をデザインするための方法が論じられています。こうしたテーマの背景には、同時代のアメリカで次々進められた、歴史的都市の遺産を忘却させる大規模再開発への抵抗感もありました。

ここでロウが提示するのがブリコラージュという手法です。ブリコラージュとは、文化人類学者クロード・レヴィ＝ストロースが『野生の思考』(一九六二／邦訳＝大橋保夫訳、みすず書房、一九七六)で論じた概念です。「器用人(ブリコルール)」による器用仕事」という、あり合わせの道具や材料をうまく使い倒したり流用しながら、必要なものを創造的につくりだすことを意味します。

ロウは、建築家もこの器用人のように、ブリコラージュの方法をもって都市をデザインすべしと考えたわけです。それは既存都市をタブラ・ラサ(白紙状態)と見なして再開発する近代的な考えとは対照的なものと言えます。

面白いのは、『マニエリスムと近代建築』であれほど評価されていたル・コルビュジエが、『コラージュ・シティ』では徹底的に批判されていることです。実際、ル・コルビュジエの都市デザインには、パッラーディオとの隠れた連続性が存在した建築デザインのような、作家的なオリジナリティと歴史的なレファレンスのあいだにある微妙な関係や、生活や使い方にすり合わせるかたちで調整された複雑な形態といった特徴が乏しい。古きを壊し、構想した作品を完璧に実現しようとするのみです。それゆえ、逆に言えば、『コラージュ・シティ』におけるブリコラージュとは、ル・コルビュジエが建築で展開したデザインの手法を都市デザインの領野にも延長させるため、ロウが彼に代わって捻り出したものであったと捉えることもできます。

その現在性
――歴史、あるいはあり合わせのものへと向かう想像力

ロウが著わした建築論・都市論というのは多くはありません。しかしそれが二〇世紀の建築・都市思想に与えた影響はトップクラスに大きいものです。しかも、ユニークであるのはその影響の方向性が分岐していること。すでに触れたように、『マニエリスムと近代建築』における建築の形態・形式に対する深い洞察はフォル

マリズムの建築家へと連続していきました。しかし他方では、建築の自律性を強調するフォルマリズムと対比されるべき、都市環境との関係から建築を思考するコンテクスチュアリズムにおいても、ロウは大きな貢献を果たしました。ユートピアに代わる都市デザインを説く『コラージュ・シティ』は、コンテクスチュアリズム[＊3]をめぐってはつねに参照されるべき古典です。そしてコンテクスチュアリズムという用語自体も、ロウが開設に関与したコーネル大学アーバン・デザイン・スタジオの修士学生が創案したものでした。ロウはコンテクスチュアリズムの生みの親のひとりなのです。

このようにロウの建築論・都市論というのは非常に豊穣な世界を切り拓いてきたわけですが、では、ロウとは異なる場所と時代に生きるわれわれはそこから何を学ぶべきか。それは第一に、その論の内容自体よりも、論を生み出すロウの根本にある、建築や都市に向かう「態度」ではないかと思います。

ロウの建築や都市に対する視線はつねにアイロニーと知的好奇心に満ちています。つまり対象への距離感と愛情がある。ル・コルビュジエへの両義的な評価はすでに触れたとおりですが、ユートピアを批判する『コラージュ・シティ』においても、じつはユートピアを想像することは人間精神には不可欠であると慎重に留保されており、全面的な否定ではありません。仮にユートピアを否定してブリコラージュを全面肯定するだけであれば、それはただ別のユートピアを構想するにすぎないからです。

ル・コルビュジエとパッラーディオ、ユートピアと歴史的都市、現在と過去、形式とその文脈。このような異なる／相反する性質の事物を等価に見つめ、どちらかに肩入れすることなく両者をとりあえず許容し、そこから丁寧に使えそうな断片だけをより分け、組み立てる。それがロウの基本的な態度だと思います。そう、ロウの態度そのものが「あり合わせのもの」から創造的な仕事をするブリコルール的であるわけです――もちろんその研究や分析の方法は高度に専門的なものですが。

あらゆる価値観を受け入れるべき多元主義の世界、都市に建築的ストックが満載する成熟した現在の都市社会において、ロウのこうした態度の有効性と批評性はむしろ増しているはずです。

［レクチャー］

二つの「透明性」

渡辺真理　今日はコーリン・ロウによる二冊の本、『マニエリスムと近代建築』と『コラージュ・シティ』についてお話しします。

ロウは、一九二〇年、イギリス生まれの建築史家で、一九九九年に亡くなりました。都市計画家であり、同時に批評家でもありました。彼はイギリスで教育を受け、アメリカに渡りテキサス大学オースティン校で教鞭をとった後、イギリスに戻りケンブリッジ大学で教えます。このようにアメリカとイギリスをまたいで仕事をするのですが、最終的にはアメリカのコーネル大学に落ち着き、そこで建築教育を推し進めることになります。

『マニエリスムと近代建築』は一九七六年に、『コラージュ・シティ』は一九七八年に、それぞれ原著が刊行されています。ある平面図を見てなぜこのアイデアが閃くのか。異なる建築物の平面図の比較の妙、建築についてのロウの冴えは一言で言うとそういうことで、「形態分析」と呼ばれる彼独自の方法論を確立して

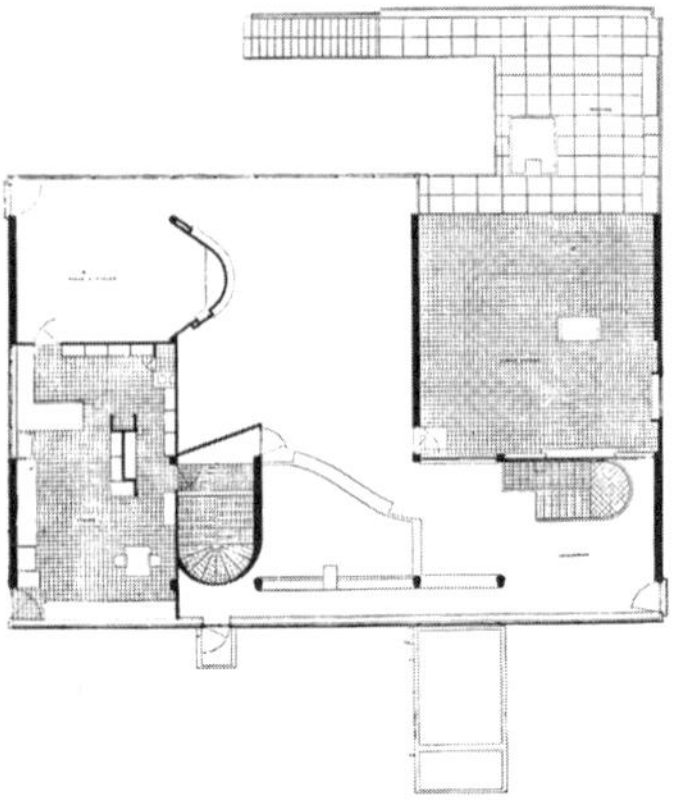

図3: ル・コルビュジエ《シュタイン邸》
引用出典＝*Le Corbusier et Pierre Jeanneret Œuvre Complète 1910-1929*, Les Éditions d'Architecture, 1964

います。『マニエリスムと近代建築』に収録されている「透明性――虚と実」（ロバート・スラツキーとの共著）においてロウは、ジークフリード・ギーディオンによる『空間・時間・建築』（一九四一／邦訳［復刻版］＝太田實訳、丸善、二〇〇九）での議論をもとに、「透明性」なる概念を二つに整理しました。ギーディオンによれば、ヴァルター・グロピウスによるデッサウの《バウハウス校舎》（一九二六）の隅がガラスで覆われ透過していることと、ピカソの絵画（分析的キュビスム）におけるイメージのオーバーラップ（重なり）とを、同じ透明性という概念によって捉えることができるとします。対してロウは、この二つは同じではなく、ピカソの透明性はむしろル・コルビュジエの《シュタイン邸》（一九二七）［図3］において実現していると指摘します。実際ル・コルビュジエはキュビスム的な彼独自の絵画「ピュリスム」の画家として作品を残しており、「薄いレイヤーの重なり」という空間構成によってこの建築を設計したのではないかとロウは指摘したのです。ロウはこうした薄いレイヤーの重なりによって発生する透明性を「フェノメナルな(現象としての)透明性」と呼び、対して、バウハウスの建物のような、実際に透過しているものを「リテラルな(実の)透明性」と呼びました。

理想的ヴィラの数学

このほかにロウの論文では、同じル・コルビュジエの《シュタイン邸》を、アンドレーア・パッラーディオによる別荘《ヴィラ・フォスカリ(通称ラ・マルコンテンタ)》(一五六〇)と比較した「理想的ヴィラの数学」がよく知られています。この二つの建物をパッと見て共通点を見つけることは難しいのですが、空間構造的にはきわめて近似していることをロウは証明しました。

僕にとって衝撃だったのは、モダニズムにおいて建築家は歴史性を捨象して設計しているはずだと思っていたら、代表的なモダニストのひとりであるはずのル・コルビュジエが、じつはパッラーディオと通底するような空間構成を採用していたということでした。ル・コルビュジエは、こうした歴史的な建築が持っている比例関係(プロポーション)は、モダン・アーキテクチャーでも通用すると考えていたのかもしれません。

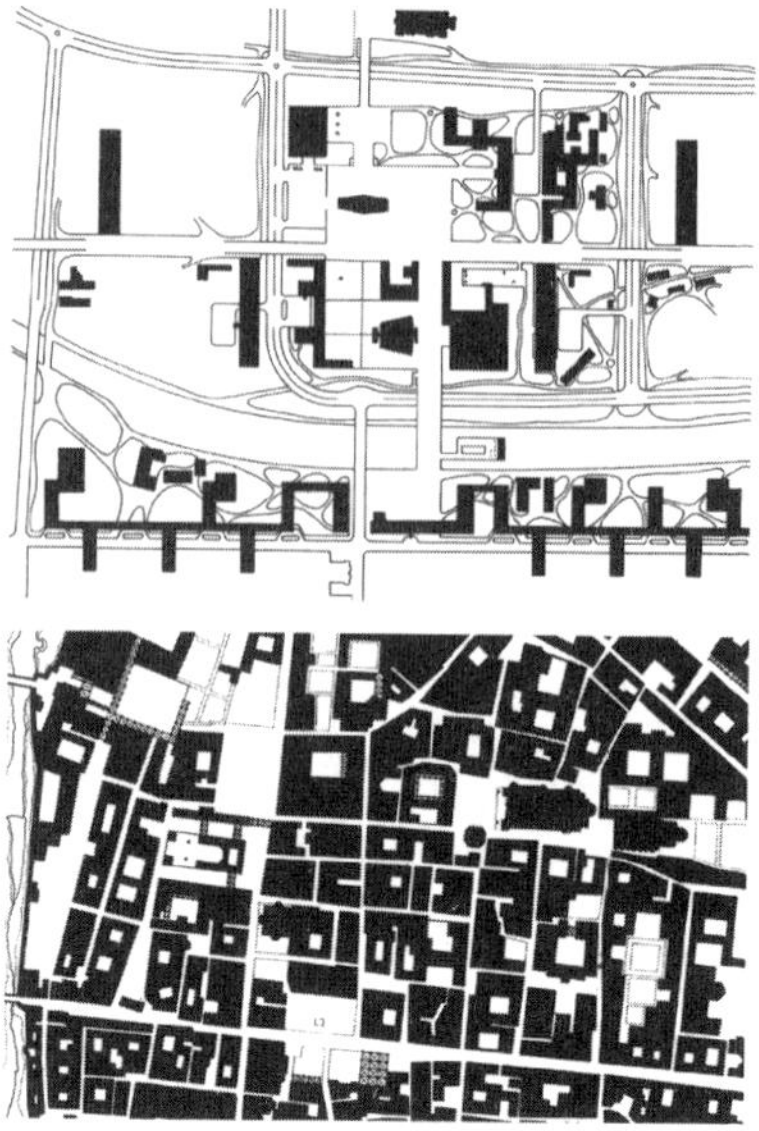

図4：ル・コルビュジエ「サン・ディエ計画」(上)とパルマ市(下)の「図 - 地」図
引用出典＝『コラージュ・シティ』

コラージュ・シティ

次にモダニズム以降のアーバニズムの状況に対するロウによる提言をまとめた『コラージュ・シティ』を紹介します。五つの章のキーワードとして「ユートピア」「オブジェクト」「都市組織」「ブリコラージュ」などを挙げることができます。それぞれがロウの思想を読み解くには不可欠な用語ですが、その中でもブリコラージュは広く使われている用語であり、ありあわせの道具材料を用いて自分の手でものをつくることを指します。この書籍に出てくる重要なもののひとつが、彼の都市分析に使われた「図 - 地」図(Figure-Ground-Map)です。今なら「図 - 地」図は簡単につくれるかもしれませんが、この時代は都市図を塗りつぶして作成する必要がありました。ロウはコーネル大学で学生たちとともに、「図－地」図の手法を展開しました。ヨーロッパの歴史的な都市街区を形づくる建築は「ノリのローマの地図」[＊4]同様、街路型建築であるのに対し、近代建築は真逆のオブジェクト指向の建築であることが「図－地」図の比較によって明らかになりました。これによって、近代建築とその前の時代の建築の違いを際立たせることとなり、モダニズムのアーバニズムとそれ以前の都市は違うものだとクリアに示すことになります[図4]。

ユートピア的考え方

ロウは、「建築とは時代の意志が(…中略…)空間に表現されたものである」というミース・ファン・デル・ローエの発言、あるいはグロピウスの「新しい建築はわれわれの時代の(…中略…)必然的な産物である」という発言を引用し(同書五〇頁)、このような歴史決定論に反論しています。なぜなら、ヘーゲル[＊5]的な時代認識や歴史認識が、私たちの都市や建築に対する考え方を歪ませているのだと考えたからです。「歴史的に正しいから」という「歴史決定論」に対して、あるものごとを今よりよくしようとするのが「ユートピア的」な考え方です。これからのアーバニズムを考えていくうえで、この「ユートピア的考え方」をどう位置づけるかが重要になるでしょう。

そもそもロウは「コラージュはアイロニーによってその価値を導き出す方法」（同書二三八頁）だと言っています。コラージュを使うことでユートピアと付き合うことができるのではないかとも述べていて、これはひとつの重要なヒントになると思います。

SF派とタウンスケープ派

ロウは二〇世紀後半のアーバニズムを「サイエンスフィクション（SF）派」と「タウンスケープ派」の二つに分類します。『コラージュ・シティ』では「科学と大衆」という弁証法的な二項対立を利用しながら論を進めるのですが、この二項が二〇世紀のアーバニズムを決定し、建築を科学と大衆が決定するようになったのが近代の特徴であると言います。

ただしSF派イコール科学（主義）と言っているわけではなく、ロウ自身、科学主義には懐疑的です。アーキグラム［＊6］のように一九六〇年代から七〇年代にかけては、建築や都市の新しいイメージをポップなかたちで示すことに専念するグループもいましたし、菊竹清訓、黒川紀章らのメタボリズム［＊7］は生命の比喩ですが、これもロウの分類で言えばSFになる。

ロウが究極のSFプロジェクトと紹介しているのが、スーパースタジオの《コンティニュアス・モニュメント》（一九六九）です。『コラージュ・シティ』ではその一部が「人間のいるランドスケープ」というタイトルで掲載されています［図5］。連続する、巨大な「コンティニュアス・モニュメント」は、抑圧から人間を解放するというある種ユートピア的な空間装置なのですが、それ自体が抑圧的な対象になってしまう皮肉がある。そこに見られるのは快適な、しかし抽象的なエンヴァイロメントであり、アトム化された社会が予見されて

図5：スーパースタジオ「人間のいるランドスケープ」
引用出典＝『コラージュ・シティ』

います。この後、ユートピア的アーバニズムは行き場を失い、何も提案できなくなってしまうんですね。

一方のタウンスケープ派ですが、ゴードン・カレン『都市の景観』(一九六一/邦訳=北原理雄訳、SD選書、一九七五)を参考にすると、「田園に建つ一軒の建物を建築として経験することはできる。建物をグループとして捉えると、建物と建物の間の路地とか広場のように、ひとつの建物では経験できないことが経験できる。」「関係性という技法(art of relationship)は建築という技法と同じくらい大切なのではないだろうか」[抄訳=渡辺]とあります。現在にも通じる重要な提案です。このタウンスケープの考え方の源流には、一九世紀末ウィーンの都市計画家カミロ・ジッテによる『広場の造形』(一九〇一/邦訳=大石敏雄訳、SD選書、一九八三)があります。類例としては、ケヴィン・リンチ『都市のイメージ』(一九六〇/邦訳=丹下健三+富田玲子訳、岩波書店、二〇〇七)、あるいはジェイン・ジェイコブス『アメリカ大都市の死と生』(一九六一/邦訳[新版]=山形浩生訳、鹿島出版会、二〇一〇)、ロバート・ヴェンチューリらによる『ラスベガス』(一九七二/邦訳=石井和紘+伊藤公文訳、SD選書、一九七八)などがあります。一九八〇年代以降のアーバニズムはタウンスケープ派の潮流によるものか、あるいはポピュリズム型のまちづくりに収斂していきます。

オブジェクトとしてのモダニズム建築

都市と建築の関係について、モダニズムの建築はオブジェクト指向が非常に強く、それゆえ都市の組織を尊重する方向にはなかなか進みませんでした。『コラージュ・シティ』における「近代建築による都市は全く脈絡のない単体建築の集積」(九九頁)になっているという指摘は、東京にもあてはまりますね。ここで、ロウはル・コルビュジエと一世代前の建築家オーギュスト・ペレ[*8]による「ソヴィエト宮殿設計競技案」を比較しています。一見するとル・コルビュジエの案のほうが優れているように思える。ですがインパクトのない、ペレのこの巨大建築は、じつは広場を内包しており、「建築のための建築」をつくるのではなく、都市内に広場空間をつくろうとしていることがわかります。他方でル・コルビュジエは、いわばオブジェクトをつくり上げる。近代建築がいかに独立単体建築、つまりオブジェクト指向であろうとしたのかが明瞭にわかります。「都市建築」という考え方を失わせていったのは、近代建築の代表者であるル・コルビュジエやミース・ファン・デル・ローエだったと言えるのではないでしょうか。

ブリコラージュ

それに対してロウが提示するのはブリコラージュという手法です。「建築という行為は常に何らかの点で、（…中略…）物事を善くしていこうという改善作業に関わり、物事はどうあるべきかを問題とするので、どうしても価値判断に左右されることになるため、建築は現在陥っている苦境から、科学的な方法では決して脱出できない」（同書一六九頁）とロウは語ります。状況の改善はブリコラージュによってなされるべきであって、科学を根拠にすべきでないと言うんですね。

同様に、「すべてのデータの完璧な集積に基づいた《究極の》解決という発想が、（…中略…）認識論上の幻想にすぎず、情報のいくつかの側面は、いかにしても認識不可能あるいは表現不可能であり、《事実》の在庫管理は、変動や廃盤のために完全ということがありえないとするなら、（…中略…）科学的な都市計画への期待は、実際上、科学的な政治への期待と等価である」（同書一六九頁）というロウの発言は科学的な都市計画はNGであるということなのですが、現在ではビッグデータなどを活用する可能性もありえますので、あらためて考えてみたいところです。

ともあれここで重要なことのひとつは、ロウは政治を必ずしも否定していないということです。政治は、人と人とのあいだに発生するものであり、都市計画に必ず関係するはずです。「《ブリコラージュ》の役割には政治と共通する点が多く、都市計画はもっと《ブリコラージュ》をとり入れるべき」（同書一六九－一七〇頁）と述べているように、都市計画も政治による問題解決をいっそう学ばなくてはなりません。

ユートピアは両義的で危険だけれども捨て去ることはできない。伝統はうっかりするとたんに過去による束縛になる危険性がある。だから歴史を捨てずに都市や建築を構築しなければならない。「暗喩としてのユートピアそして処方箋としてのコラージュ・シティ。この対概念の共存が、規則と自由を保証し、科学的な〈確実性〉またはアド・ホックという気紛れのどちらかへの完全降伏ではない、未来への弁証法を確実なものにする」（同書二七六－二七七頁）とロウは言います。

それならば、「処方箋としてのコラージュ・シティ」とは何か、という問いを残して、前半を終えたいと思います。

［ダイアローグ］

各国の理解

北山恒　僕は渡辺さんと同い年で、同じ時期に建築の勉強をしており、やはりロウに影響を受けています。一九六〇年頃に始まったモダニズムに対する抵抗運動と、拡張する資本主義の中で建築の位置づけを探っていた頃、つねに背景にあったのがロウの思想でした。この時期の建築の思想や論考は、レム・コールハースなどにもつながっている重要なものだと思います。

ただ、僕自身その後ずっと考えているのは、ヨーロッパ文明の中での建築や都市のあり方についてなのです。このことはアルド・ロッシ［本書一二八頁］を読んでいると特に強く感じます。ロッシの『都市の建築』（一九六六／邦訳＝大島哲蔵＋福田晴虔訳、大龍堂書店、一九九一）は面白いのですが、実際にイタリアに行き、都市経験を積まない限り、つまりヨーロッパ世界の都市概念を知らない限り理解できないことが書かれている。東洋人の私たちにとっては理解するのが非常に難しい。同じようにロウのアイデアもヨーロッパ世界にいるとより理解できるのではないかと思います。藤原さんはいかがでしたか?

藤原徹平　それは根深い問題ですね。と同時に僕が学生のときに一番混乱したのは、ロウは結局ル・コルビュジエを評価しているのか否か、ということでした。時代によって評価が変わったのか、建築をつくる能力は認めつつ、都市と建築という観点ではモダニズムが限界を迎えていることを指摘していたのか。渡辺さんはどのようにお考えでしょう?

渡辺　ロウはル・コルビュジエに対して、二〇世紀における最も重要な建築家のひとりだと評価しています。ただ都市計画については疑問が多い。彼のコンセプトは世界中で実現しましたが、必ずしもうまく機能していません。だから、ロウは都市をひとつのコンセプトで簡単につくってしまう危険性を伝えようと考えたのでしょう。

ロウの都市に対する考え方は、コンテクスチュアリズムという言葉を通じて七〇年代のアメリカのアカデミアを席巻します。実際、ロウ門下にはポストモダニズムのデザインを実践する人々がいました。『コラージュ・シティ』をしっかり読めば、ロウは歴史的文脈をアド・ホックに引用することが正しいと言っているのではないとわかるのですが、例えば共著者のフレッド・コッターをはじめ周囲の多くの人が折衷主義的な歴史主義の建築をつくっていった。そのために、コンテクスチュアリズムという概念自体がポストモダニズムと直結するものと見なされてしまったわけです。

北山 アメリカにおいてポストモダニズムは、資本主義的経済活動に取り込みやすい建築になっていったように感じます。アメリカではポストモダンが「使われた」。一方、ヨーロッパのポストモダニズムは少し違っていたと思います。レオン・クリエなどを見ていますと、キャピタリズムによって壊された都市の共同性を建築という実体の記憶によって再生させることが意図されているように読み取れます。日本の場合はアメリカの影響がやや大きく、商業的に使われることが多かったわけで、そのためにコンテクスチュアリズムは一時期否定的に扱われました。ロッシが言う「都市の建築」を日本にあてはめるならば、敷地区分が明快でなかったり、ほとんどが借地でつくられている江戸時代の町家でしょうか。個人の住まいである住宅は、個人の所有ではなかった。それゆえそこには、個人の差配で建築はつくれず、周辺の理解や時代を超え、人の生命を超えてつながっていく共同性を持った「都市の建築」が存在していたと思います。

要するに「建築」という概念そのものが変わってきている。二〇世紀にはル・コルビュジエなど顔が見える建築家が登場しました。建築家というひとりの人間がある都市の一部分をつくり、それを表象できるという歴史的に非常に珍しい時代が訪れ、その中で「建築家」という職能がつくられた。そのイメージは現在また変わりつつあるんじゃないかと思うのです。ロウは当時すでにそのことを指摘していました。

コラージュ、ブリコラージュは、建築家である「私」という主体が見えなくなってしまうような概念だろうと思うのです。同様に、都市をつくるときには、ある集合的な概念として建築が構想されていたような気がします。

渡辺　ロッシは建物と都市の中間的なエレメントを「都市的創成物」と呼んでいます。必ずしも建築のスケールにならない街角の噴水やちょっとしたモニュメントにしても、しかるべき作者が手がけていて、都市という共同体がそれらを引き継いでいることが重要だというわけです。敷衍《ふえん》して日本の例を挙げるなら、京都の伝統行事のひとつである地蔵盆［＊9］は、イベント型の資本主義的な空間でなく、共同の記憶の場所となっていますし、日本の祭りは必ず記憶の継承の要素があります。ヨーロッパでは小さな都市も保全され修繕されて、例えばアグリツーリズム［＊10］を導入するなど、それぞれの都市が工夫をして観光資源によるマネージメントをしています。

対してアメリカの都市の極端な例として、一九五四年に竣工したもののすぐにゴーストタウン化して一九七二年に爆破解体された、ミノル・ヤマサキによるミズーリ州の住宅団地《プルーイット・アイゴー》が挙げられます。二〇〇〇年代にセントルイスのワシントン大学で教える機会がありましたが、都市中心部に近いこの団地の跡地は当時も空き地のままでした。アメリカには広大な土地があり、違うところで生活しようと思えば簡単にできる。そういう考え方がアメリカ人の強さになっているとは思いますが、国土の狭い日本ではなかなかそうはいきません。

では、日本の街をどうするか。このテーマに関する仕事はたくさんあると思います。ですが、おしなべて資金はない、時間はかかる、という課題を越えなければならない。そんなときにはブリコラージュのような、一種「捨て身」のやり方で関わっていく覚悟がなければならないと思います。

文化とは身体的体験である

北山　渡辺さんは京都大学出身で京都という都市を若いときに経験しています。その後ヴェネツィア建築大学に行かれてヨーロッパの伝統的都市も経験している。その後、ハーヴァード大学に行かれているので、アメリカ文化も知っている。三つの文化を体験している渡辺さんにとっては、ロウの話は理解しやすいのではないかと思うのですが、いかがですか。

渡辺　そうありたいのですが、イタリア語は日常会話レベルなので、読むときはもっぱら英語でした。ただ、ヨーロッパの利点は名建築やさまざまな様式建築がごく近くにあることです。ヴェネツィアン・ゴシック［図6］は日本では全然わからなかったけれど、なにしろすぐそこにあるので「ああ、こういうことか」と体感できたんです。ミケランジェロの魅力も当初はよくわからなくて、特に《ラウレンツィアーナ図書館》（一五五二）は唖然とするばかりでしたが、ルネサンス建築理論家ジェームズ・S・アッカーマンの本を読み、フィレンツェまで何回か行って実物を見ることで、徐々に理解できるようになりました。

北山　文化とは身体的経験ですからね。また、渡辺さんがイタリアにいたときは、ロッシやマンフレッド・

図6：ヴェネツィアン・ゴシックの建築《パラッツォ・ドゥカーレ》(1536)
撮影＝編集部

タフーリ〔＊11〕、マッシモ・カッチャーリ〔＊12〕など重要な言説を創造している人たちがいましたね。

渡辺　近くにタフーリがいました。ただ、僕が行ったときは長期のスト中だったのであまり授業をやってくれませんでしたが。彼のレクチャーがあることが噂になると、ストの期間中なのに教室は完全に満杯でした。

北山　建築や都市に対する知的言説レベルをあるラインまで底上げしようとすると、どうしても読まざるをえない本というものが多数ありますね。

渡辺　そうですね。『マニエリスムと近代建築』や『コラージュ・シティ』はおそらくヴェンチューリの『建築の複雑性と対立性』と同じように、必読書です。ル・コルビュジエの著作やレム・コールハースの『S,M,L,XL』も避けることはできない。最後まで絶対読まなければならない心構えで読む。誤読が新しい思考を生み出すこともありますから、当然多少間違っていてもいいんです。

北山　渡辺さんの建築を例に挙げて話をしてみたいのですが、木下庸子さんと共同主宰されている設計組織ADHで設計され、二〇一一年に完成した《真壁伝承館》〔図7〕には、ロウのアイデアや論考の影響はあるのでしょうか。

渡辺　真壁（茨城県桜川市）は登録有形文化財が一〇〇以上ある街なのですが、プロポーザルで選ばれて私たちがその中心部に建物をつくることになりました。そのときに考えたのが「サンプリングとアセンブリ」という方法でした。真壁の街の中の歴史的建築から建物を選択し、サンプリングして、敷地にアセンブリすることでした。

「サンプリングとアセンブリ」という手法はコンテクスチュアリズムとは同一ではありませんが、土地に関係性を持つ建築をいかにつくるのかという設問にはひとつの解答となったのではないかと考えています。

図7: 設計組織ADH《真壁伝承館》
撮影＝繁田愉

北山　「サンプリング」によって、外部空間に普通に計画したのでは出てこないような角度がついたり、屋根勾配を周辺と合わせることで、その建物の形態やヴォリュームが街並みを批評しているようにも思えてきます。空き地になっていた敷地にコラージュするように建物を差し込むことで、コンテクスチュアリズムにとどまらない、「創造的コンテクスチュアリズム」とでも言うべき、その場にコンテクストを発生させるような、新しい概念の建築手法が提案されているように思います。

渡辺　そう言ってもらえると嬉しいです。僕はケネス・フランプトンが提唱した「批判的地域主義」［本書九二頁］という概念に長く関心を持っていて、《真壁伝承館》もこの地域の建築を踏まえつつ、それでいてモダニズムの流れを持ちながらつくっていけないかという思いで設計しました。「批判的地域主義」という考え方は、提示された一九八〇年代以上に今日でも有効であり、これからも重要度が増すだろうと思っています。

北山　そうですね。「批判的地域主義」は論理の構造性として有効ですし、ある文化の中でどう建築をつくるかという手法としても可能性がある。あまりにも巨大になり、存在が見えなくなっている社会体制＝資本主義との戦いの中で、そのあたりが私たち建築家にとって、いわば「キラーパス」を通せる領域だという気がしています。巨大になりすぎたシステムは、身近にある問題群に対応することが困難なのです。

グローバリゼーションの中で建築と関わる

渡辺　建築設計の今後を考えたとき、ひとつには、不可避的なグローバリゼーションの中で巨大建築に関わっていくという方向性が考えられます。そこではファサードだけを担当するというような、建築のある部分だけを手がける作業になることも多く、でき上がったものが本当に社会のためになっているか、あるいは自分のためになっているかさえもわからない世界に入っていくしかない。コールハースの言う「ジャンクスペース」はこれからますます建設されるでしょうし、その中では建築家という職能はパーツ化されてしまう。私たちは、そういうキャピタリズムの社会構造に組み込まれて日常を過ごしているのです。もうひとつは、より小さなスケールの建築をどう実現するかという方向性です。この二つは、まったく異なるものであるがゆえに、「AかBか」という選択ではないでしょうね。

北山　槇文彦さんは「平和な時代の野武士達」(初出＝『新建築』一九七九年一〇月号、新建築社／『漂うモダニズム』左右社、二〇一三に一部所収)という論考で、当時小さな事務所を構えていた伊東豊雄、安藤忠雄らを「野武士」と見立てていました。また『応答　漂うモダニズム』(槇文彦＋真壁智治編著、左右社、二〇一五)では、「もしも大海原を(……中略……)空間領域になぞらえれば、それは空間の陣取り合戦なのだ。陣取り合戦は恐らく軍隊と民兵組織の戦いとなる」(三五八頁)と書かれるんですね。ここでいう「軍隊」は正規軍、権力側の計画的空間であり、それに対して

「民兵」はインフォーマルな発生的空間を扱うことになると思います。それはマーケットとコモンズの闘争でもあり、「生産」と「生活」の弁証法的プロセスの中にある事柄だと思っています。

なぜそうなっているのか。ひとつは建築のクライアントが変わっているからなのです。今世界経済や資本の動きはマーケットとコモンズの二つに分かれている。マーケットに対応する建築は軍隊がやっていて、コモンズに対応する建築は民兵がつくる時代になっているんだと槇さんはお話しされました。ご自身は「自分はどっちに行くんだろう」とおっしゃっていましたが、槇さんが素晴らしいのはいつでも両方を観察し、対応されているところです。そういう選択ができるようなポジションにいられるのが、建築家としては最も幸せかもしれませんね。

［編註］

＊1　アルベルティ……レオン・バッティスタ・アルベルティ（一五〇八-七二）。イタリア・ジェノヴァ生まれ。建築家。主な作品に《サン・フランチェスコ教会堂》（一四六八）、《サンタ・マリア・ノヴェッラ教会堂》（一四七〇）、《サンタンドレア教会堂》（一五一二）など。著

書に『絵画論』(一四三五)、『家族論』(一四四一)、『建築論』(一四五二)などがある。

＊2　パッラーディオ……アンドレーア・パッラーディオ(一五〇八-八〇)。イタリア・パドヴァ生まれ。建築家。主な作品に《ヴィラ・アルメリコ》(一五七〇)、《サン・ジョルジョ・マッジョーレ教会》(一六一〇)、《パラッツォ・デッラ・ラジョーネ》(一六一四)、など。著書に『ローマ建築』(一五五四)、『建築四書』(一五七〇)などがある。

＊3　コンテクスチュアリズム……ロウの都市分析、形態生成論を学ぶコーネル大学の学生スチュアート・コーエンとスティーヴン・ハートが、既存の都市に新しい建築を漸進的に加えていくことを指して名づけた名称。

＊4　ノリのローマの地図……ローマ教皇ベネディクトゥス一四世の命を受けて、一七四八年にイタリア人建築家ジャンバチスタ・ノリ(一七〇一-五六)が作製したローマの地図。建物を黒、道路や教会などの公的空間を白で表現した。

＊5　ヘーゲル……ロゲオルク・ヴィルヘルム・フリードリヒ・ヘーゲル(一七七〇-一八三一)。カント、フィヒテ、シェリングらと並ぶ一八-一九世紀の代表的ドイツ観念論者。歴史とは自由を獲得するための理性による弁証法的発展段階と捉え、プロイセン王国(一七〇一-一九一八)をその最終段階とした。主な著作に『精神現象学』(長谷川宏訳、作品社、一九九八)、『歴史哲学講義(上・下)』(長谷川宏訳、岩波文庫、一九九四)、『法哲学講義』(長谷川宏訳、作品社、二〇〇〇)など。

＊6　アーキグラム……イギリスの建築家、ウォーレン・チョーク、ロン・ヘロン、デニ

ス・クロンプトン、ピーター・クック、デヴィッド・グリーン、マイケル・ウェブによって一九六一年に結成されたグループ。結成と同時に雑誌『アーキグラム』も発行。《モントリオール・タワー》(一九六三)、《ウォーキング・シティ》(一九六四)、《プラグイン・シティ》(一九六四)、《インスタント・シティ》(一九七〇)などを発表。

＊7　メタボリズム……批評家の川添登、建築家の丹下健三、大髙正人、菊竹清訓、槇文彦、黒川紀章、デザイナーの栗津潔、栄久庵憲司らによって一九六〇年に結成されたグループであり、「新陳代謝」をコンセプトとする建築運動。丹下《東京計画1960》(一九六一)をはじめとする数々の建築・都市プロジェクトのほか、丹下《静岡新聞・静岡放送東京支社ビル》(一九六七)、大髙《坂出人工土地》(一九六八)、菊竹《エキスポタワー》(一九七〇)、黒川《中銀カプセルタワー》(一九七二)など多くの建築が実現した。

＊8　オーギュスト・ペレ……一八七四年、ベルギー・ブリュッセル生まれの建築家。主な作品に、《フランクリン街のアパート》(一九〇三。世界初のRC造集合住宅)、《ノートル・ダム・デュ・ランシー》(一九二三)、フランスの都市ル・アーヴルの再建(一九四五-五四)など。

＊9　地蔵盆……日本の近畿地方を中心に続く、地蔵菩薩の縁日。旧暦七月二四日に辻地蔵を祀る。

＊10　アグリツーリズム……都市に居住する人々が、農村や農場などの自然や文化に触れて休暇を過ごす余暇活動。日本ではグリーンツーリズムとも呼ばれる。

＊11　マンフレッド・タフーリ……一九三五-九四。イタリアの建築史家。ヴェネツィア大

学で教鞭をとり、同大学に建築史研究所を設立。主な著書に、『建築のテオリア』(一九七六／邦訳＝八束はじめ訳、朝日出版社、一九八五)、『球と迷宮』(一九八〇／邦訳＝八束はじめ＋石田壽一＋鵜沢隆訳、PARCO出版、一九九二)など。

＊12 マッシモ・カッチャーリ……一九四四―。イタリアの哲学者、美学者。ヴェネツィア市長、ヴェネト州議会参事を務めるなど、歴史・哲学・美学・政治・都市論など幅広い仕事で知られる。主な著書に『死後に生きる者たち――〈オーストリアの終焉〉前後のウィーン展望』(一九八〇／邦訳＝上村忠男訳、みすず書房、二〇一三)『アドルフ・ロースとその天使』(一九八一)、『必要なる天使』(一九八六／邦訳＝柱本元彦訳、人文書院、二〇〇二)、『群島』(一九九七)など。

ケネス・フランプトン

Kenneth Frampton

批判的地域主義と建築のローカリティ

一九三〇　イギリス・サリー州に生まれる

一九五六　ロンドンＡＡスクール卒業

一九六一-六四　ロイヤル・カレッジ・オブ・アートで教鞭をとる

一九六四-七二　プリンストン大学で教鞭をとる

一九七二-　コロンビア大学で教鞭をとる

一九七四-七七　ＡＡスクールで教鞭をとる

一九七三-八三　ニューヨークの都市建築研究所（ＩＡＵＳ）フェローを務める

一九八〇　*Modern Architecture: A Critical History*
（『現代建築史』中村敏男訳、青土社、二〇〇三）

一九九五　*Studies in Tectonic Culture: The Poetics of Construction in Nineteenth and Twentieth Century Architecture*
（『テクトニック・カルチャー——19-20世紀建築の構法の詩学』
松畑強＋山本想太郎訳、ＴＯＴＯ出版、二〇〇二）

市川紘司

「解体」世代の論客

市川紘司　ケネス・フランプトン(一九三〇－)はイギリス生まれの建築史家・建築評論家です。同世代の建築家を挙げてみると、磯崎新やハンス・ホライン、アーキグラムのメンバーなど。彼は「建築の解体」世代の論客と言えます。ギルフォード美術学校とロンドンAAスクールで建築を学び、卒業後には建築家として設計事務所に勤務したり、編集者としてイギリスの建築雑誌『Architectural Design(AD)』に関わります。そして一九六四年からはアメリカでプリンストン大学やコロンビア大学で教職に就きました。

フランプトンのプロフィールの中で注目すべきなのは、一九七〇－八〇年代にかけてニューヨークの都市建築研究所(IAUS)に所属し、建築批評誌『OPPOSITIONS』[図1]の編集や執筆に深くコミットした点です。IAUSは、建築と都市に関する研究や教育を行なう独立機関で、ピーター・アイゼンマンやコーリン・ロウ、アンソニー・ヴィドラー、レム・コールハースなどが関わる、既成の建築の枠組みを超越するようなラディカルな思想・理論・言説が展開される場でした。「二〇世紀建築思想」の当時における最先端、その中枢でフランプトンは仕事をしていたわけです。

フランプトンは非常に多作の建築評論家として知られます。評論家活動を始めた一九六〇年代初頭から現在に至るまで、およそ建築や都市に関するありとあらゆるテーマ——歴史から現代、西洋から東洋、作品論から建築家論まで——で数多くの著作・評論文を発表しています。一八世紀から現在の建築的動向までを網羅する『現代建築史』（一九八〇／邦訳＝中村敏男訳、青土社、二〇〇三）[図2]や、ゴットフリート・ゼンパーに注目しながら建築を近代的な空間ではなく「ものの技芸」として再定義する『テクトニック・カルチャー——19-20世紀建築の構法の詩学』（一九九五／邦訳＝松畑強＋山本想太郎訳、TOTO出版、二〇〇二）[図3]など、代表的な著作は日本語でも読むことができます。

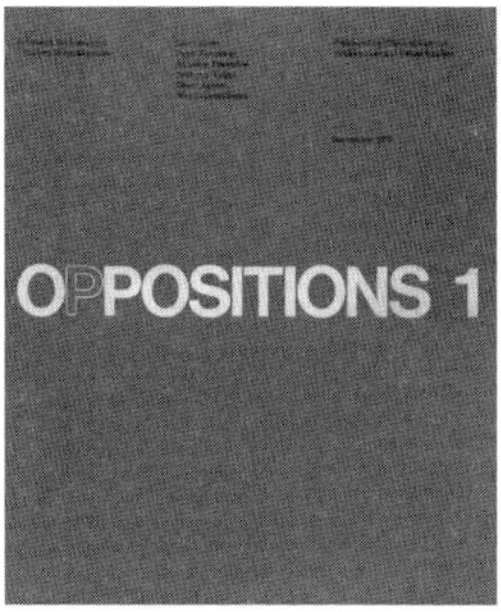

図1:『OPPOSITIONS』

そんなフランプトンが書いた数多の文章の中で、とりわけ影響力を持ったのが、批判的地域主義の考えだと言えます。

図2:『現代建築史』

図3:『テクトニック・カルチャー——19–20世紀建築の構法の詩学』

ポスト・アヴァンギャルド
——批判的地域主義とは何か

批判的地域主義というアイデアをフランプトンが初めて発表したのは、一九八三年の論文「批判的地域主義に向けて——抵抗の建築に関する六つの考察」(ハル・フォスター編『反美学——ポストモダンの諸相』所収、室井尚+吉岡洋訳、勁草書房、一九八七)においてでした。批判的地域主義は、もともとは別の建築理論家(アレクサンダー・ツォニス+リアンヌ・ルフェーヴル)が一九世紀末の建築を論じた際につくり出した概念です。フランプトンが行なったのは、この概念を歴史解釈のみならず、広く同時代の建築にも適応可能な分析枠組みへと応用的に拡張したことでした。

さて、それでは批判的地域主義とは何か。これは読んだまま「批判的な検討を踏まえた地域主義」を意味すると考えてよいでしょう。およそあらゆる「地域」と呼ばれる領域には、そこにしかない固有の特徴があるはずです。そして、その個別的特徴を大事にして、保存し、強調するような態度が地域主義です。しかしこうした地域主義というのは、往々にして、ある特定の時代の特徴を意図的に抜き出して満足したり、外側にある別の地域性や、複数の地域性を横断する「インターナショナルなもの」を排除したり、攻撃したりすることにもつながります。

　こうした地域主義が陥りがちな隘路《あいろ》から逃れ、むしろ本来的には対立する「インターナショナルなもの」との折衷・統合を目指すような、開放的な意識をともなった地域主義。それがフランプトンの唱える建築の批判的地域主義です。

　近代的な啓蒙主義というものがあります。普遍的な理性が、地域や民族に固有の道徳や伝統を超越して存在し、前者が後者を啓蒙するものだとする考え方です。近代建築の様式である「インターナショナル・スタイル」というのは、そうした近代啓蒙主義の典型的な表われです。大地から建築ヴォリュームを持ち上げるためのピロティ、素材の違いを打ち消す白く平滑に塗られた壁、属人性を排し工業化された部材を合理的に構成するための単純幾何学の造形……。こうして、国や民族や地域に固有の建築文化をキャンセルして、普遍的で文明的な建築が目指されていたわけです。そしてこのような建築をつくろうとする建築家が前衛（アヴァンギャルド）

と呼ばれたのです。

フランプトンの問題意識は、以上のようなアヴァンギャルドの実効性が今や建築において失われている、ということでした。フランプトン的に言えば、アヴァンギャルドの建築は、一九二〇年代の未来派が最後です。その後の近代建築は、現実をより良くするという啓蒙主義から身を引いた形式主義（フォルマリズム）でしかない。近代建築を批判するかたちで登場したポストモダニズムの建築も、地域性や民衆性の回復を謳ってはいるものの、その記号的な表現はメディアを太らせるためのイメージや商品にすぎない。

アヴァンギャルドが終わった時代に、建築はどうすべきか。そうした問題意識の中で提示されたのが批判的地域主義なのです。

フランプトンはそれを「後衛主義」と位置づけています。どういうことか。フランプトン自身の言葉を引用してみます。

今日建築がなお批判的実践でありうるとすれば、それは建築が「後衛主義」(arrière garde)の立場、すなわち啓蒙主義の進歩の神話からも、工業化以前の過去の建築形態へ回帰するという反動的で現実ばなれした衝動からも、等しく身を引き離すような立場を取る場合だけである。批判的な後衛主義は、進歩したテクノロジーの楽観主義からも、ノスタルジックな歴史主義や饒舌な装飾へと退行する絶え間ない誘惑からも、離れなければならない。私に言わせれば、ただ後衛主義だけが、普遍的技術を慎重に利用しつつ、同時に抵抗する文化や、アイデンティティを与える文化を展開することができるのである。

——「批判的地域主義に向けて」(『反美学』四七頁)

「啓蒙主義の進歩の神話」や「進歩したテクノロジーの楽観主義」を前提とする近代建築でもなければ、「過去の建築形態へ回帰するという反動的で現実ばなれした衝動」や「ノスタルジックな歴史主義や饒舌な装飾へと退行する絶え間ない誘惑」を振りかざすポストモダニズムでもない。普遍性を目指す「近代的なもの」と装飾や歴史に象徴される個別的な「地域的なもの」の双方に向けて批判的な視線を送りつつ、しかし同時に、利用できる点だけを慎重に利用する。そのような冷静な「いいとこ取り」の態度が後衛主義=批判的地域主義であると言えます。

図4：ヨーン・ウッツォン
《バウスヴェア教会》
撮影＝吉澤望

視覚の拒否とテクトニック

論文「批判的地域主義に向けて」では、批判的地域主義的建築・建築家の実例がいくつか取り上げられていますが、特に重要な作品として挙げられるのが、ヨーン・ウッツォンがコペンハーゲンに建てた《バウスヴェア教会》（一九七六）［図4］です。《バウスヴェア教会》は外観と内観が対照的な教会建築です。外から観ればプレキャスト・コンクリートによる近代的というべき整然とした形態をしていますが、インテリアは現場打ちコンクリートによる有機的なシェル・ヴォールトで包まれており、そこではこの場所にしかない神聖な光の体験ができる。言ってみれば、前者はインターナショナルで普遍的な技術を表現しており、後者は個別的で一回性の空間体験を提供しているわけです。「近代的なもの」と「地域的なもの」の両極端がひとつの建築の中で統合されている。このような観点から、フランプトンはこれを批判的地域主義の建築だと見なし、評価しました。

私はシェル・ヴォールトに対する指摘が面白いと思います。教会にふさわしい神聖な雰囲気を生み出すこの天井の形態は、論文「批判的地域主義に向けて」の記述によれば、じつは中国の仏塔から発想されたものだと言います。つまり、西洋内部の教会建築文化を直接参照するのではなく、東洋という別の地域・別の宗教に固有の形態言語を転用するかたちで設計されたのが、この丸天井ということらしい。こうして安易な地域性礼賛とは異なる、新たな「この場所ならでは」の神聖さの表現に成功している、というわけです。

そのほか、批判的地域主義の事例として取り上げられているのは、アルヴァ・アアルト［図5］、ルイス・バラガン［図6］、マリオ・ボッタ、安藤忠雄などです。フィンランド、メキシコ、スイス、日本……とまったく異なる土地の建築家ですが、大掴みに捉えてみると、いずれもインターナショナル・スタイルの抽象的な表現や、室内外を流動的に構成する空間配置などを前提に、各地域の文化的背景や気候風土、材料や建設技術を複合的にディヴェロップさせた建築を設計していると言えます。

図5: アルヴァ・アアルト《セイナッツァロ町役場》
撮影＝彰国社編集部

図6：ルイス・バラガン《自邸》
撮影＝彰国社編集部

フランプトンが彼らの建築に見出すのは、まず、地域性や場所性が建築の構造学的（テクトニック）と言うべきレイヤーで表現されている点です。それはポストモダニズムのような記号的で直截的な表現ではなく、再解釈を経た後の間接的な土着性の表現であると言います。また、視覚以外の感覚が強調されている点も同じです。視覚的な経験は、全体を見わたす透明で合理的なものです。そうではなく、匂いや音、手ざわりといった要素をフランプトンは重視します。それがより現実に即した個別具体的な経験を生むからです。

グローバリズムへの抵抗

私たちはいまだに批判的地域主義が有効な時代を生きていると思います。特に建築文化の中心たる西洋の外側において、優れた建築家というのは、往々にして西洋からの輸入文化だけで満足することなく、そこに自国の伝統や地域性を加味させようと試みます。よって、そこには必然的に批判的地域主義のニュアンスが多かれ少なかれ生まれるのです。

例えば、私が専門としている中華圏の建築です。中国人建築家として初めてプリツカー賞を受賞した王澍《ワン・シュウ》［図7］は、近代建築の流れるような空間性を、中国の伝統的な文人庭園に見られる建築の自由な平面構成や、自然環境との一体感をもとに再定義しています。その作品に見られる打放しコンクリートによる荒々しい質感も、視覚よりも触覚を重視する批判的地域主義に適うものです。

図7: 王澍《中國美術學院香山校園》
撮影＝市川紘司

また、台湾の陳冠華《シェン・クアンファ》［図8］という建築家も面白い。彼は都市開発の進んでいない台湾東部の海岸沿いに、現地で採取した砂利を含んだ、きわめて荒々しいコンクリートを使った住宅建築を連作で二〇年以上つくり続けています。地場産材を用いる点ではいかにも地域主義的ですが、空間構成の点ではじつはアイゼンマンらニューヨーク・ファイブの建築家の影響が見られたりと、欧米の建築文化を独自に昇華していることがわかります。

批判的地域主義が今もってアクチュアルであるのは、フランプトンがこれを発表した当時の社会情勢と現在が地続きであるためだと言えます。一九八〇年代に新自由主義的な政権が英米で生まれると――特にソ連崩壊以降――資本主義のグローバル化が加速します。グローバリズムは「地域的なもの」をなぎ倒して展開されます。批判的地域主義が抵抗するのはこうした時代背景でした。そしてそれは現在もおそらく変わりません。昨今、グローバリズムの進展により、排外主義的な態度をあからさまにする地域や国家が増えてきています。グローバルな文明に局所的な文化を加味させることが大事であるのと同じように、あるいはそれ以上に、地域のほうが「インターナショナルなもの」にオープンであることも強く求められています。

図8: 陳冠華《石梯坪118》
撮影＝市川紘司

他方には、レム・コールハースが展開するような、きわめてラディカルな試みがあります。つまり、グローバル資本主義をとりあえず肯定して、その荒波に揉まれながら建築と都市のまったく新しいあり方を考える、という態度です。批判的地域主義が示すのは逆で、その荒波に抵抗するためのより保守的な道だと思います。

渡辺真理×藤原徹平　モデレーター＝市川紘司

［レクチャー］

インターナショナル・スタイル対リージョナリズム

渡辺真理　ケネス・フランプトンが一九八〇年代に「批判的地域主義に向けて──抵抗の建築に関する六つの考察」を書いたときよりも、現在のほうが「クリティカル・リージョナリズム（批判的地域主義）」の意義はあるのではないかと考えています。まずは「クリティカル」の付かない、地域主義としてのリージョナリズムについておさらいします。リージョナリズムがわからなければ、メタ概念であるクリティカル・リージョナリズムもわかりません。

かつてインターナショナル・スタイル対リージョナリズムという二項対立がありました。アメリカで近代建築が導入されたのは一九三二年です。この年、ニューヨーク近代美術館（MoMA）で「モダン・アーキテクチャー展」が開催されました。同展は、一九二九年に開館したMoMAにとって最初の建築展です。当時のアメリカには、建築スタイルがなかったわけではありません。一九世紀後半から「シカゴ派」と呼ばれる流れがあり、超高層ビルに関してはヨーロッパよりも先んじていました。MoMAは、こうした状況の中でアメリカの建築を方向づける役割を担ったとも言えます。その際、それまであったカリフォルニアの「ベイ・スタイル」などのアメリカ建築は「リージョナル」であるとされ、MoMAの提唱するスタイルは「インターナショナル・スタイル」であり、これこそが普遍的で正しいのだという、かなりドグマティックなアピールがなされたのです。

インターナショナル・スタイルへの反動

ところが皮肉なことが起こります。第二次世界大戦後のヨーロッパ復興計画であるマーシャル・プラン〔*1〕の一環として、大使館やホテルを欧州各地につくる必要に迫られました。そこに招かれたインターナショナル・スタイルを標榜した建築家たちは大きな問題に直面します。それは、ローカリティに配慮しつつ(ここでいう「ローカリティ」とは気候文化だけでなく建築および設備・技術も含む)、ギリシャやインドにつくるべき建築のデザインとはどうあるべきか、という問題です。ギリシャだからアクロポリスのレプリカを、インドだからタージ・マハルのレプリカをつくればいいというわけにはいきません。そこで「リージョナル」とはどういうことなのかをいまさらのように考えなければならなくなったわけです。このようにして、MoMAが提唱した「インターナショナル・スタイル」は戦後の現実世界の中で徐々に行き詰まっていきました。

建築家なしの建築

一九六四年にMoMAで行なわれたバーナード・ルドフスキーの展覧会「建築家なしの建築」は、非常に大きな影響力を持ち、展覧会カタログをもとにした同名の書籍も刊行されました。同展で紹介された建築は、当時は「血統書のない建築(Non-Pedigreed Architecture)」と呼ばれていました。つまり、正統な建築ではないということです。しかしピエトロ・ベルスキ「様式とファッションを越えた人間精神の発露としての建築」(MoMA、一九六四年一二月一〇日付プレスリリース)という同展の紹介文にも見られるように、同展は当時すでに様式として硬直化していた(るように見えた)モダン・アーキテクチャーよりも、アフリカやイタリアの集落のほうが面白いのではないかと訴えかけるものでした。

エイモス・ラポポート(一九二九-)はアメリカのウィスコンシン大学の建築学科

の教授として長く教えていた人です。僕は、ルドフスキーの『建築家なしの建築』よりもラポポートの最初の著作である『住まいと文化』(一九六九/邦訳=山本正三+佐々木史郎+大嶽幸彦訳、大明堂、一九八七)のほうが、その後の建築に対して決定的な意味・影響力を与えたのではないかと考えています。

この書物の中で、ラポポートは世界中の住居を見て回ったうえで、なぜ世界にはこれほどたくさんの種類の住居があるのかという、非常にわかりやすい問題提起を行ないました。

それまで住居の形態は、暑い地域の住宅と寒い地域の住宅が異なるように、気候で決定されると考えられていました(環境決定論)。ラポポートはそれについて、もちろん気候はある程度影響しているものの、その土地の気候に必ずしもマッチしないような建築がたくさんあることに気づきました。気候は最大の決定要因ではなく、その場所で手に入る材料も決定的ではない。彼の本を読むと、イヌイットの冬の住まいは氷でつくられていて、夏はそれとまったく同じプランのテントに住んでいるが、それはなぜだろうという問いかけをしています。

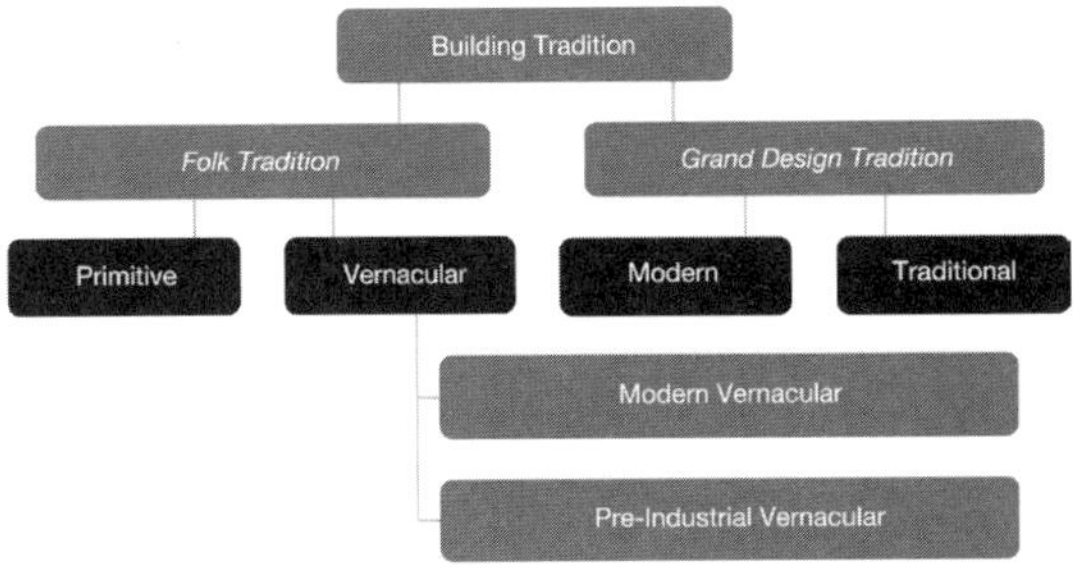

図9：バンドン工科大学建築学科Indah Widiastanti准教授によるダイアグラム
引用出典＝Indah Widiastuti "Grand Tradition and Folk Tradition"（ウェブサイトCulture and Architecture）

ヴァナキュラー――ラポポートによる分類

同書の第一章でラポポートは「Building Tradition」についての分類を行ないました［図9］。まず「Folk Tradition」「Grand Design Tradition」の二つに分けて、その下に「Primitive」「Vernacular」「Modern」「Traditional」という四分類を設けます。ラポポートの用いた「Vernacular」という用語を知ることで、僕たちは「建築家なしの建築」展で紹介されたさまざまな建築をどう呼んだらいいのか、そのとき初めて知ったのです。ルドフスキーは「血統書がない」と、つまり「Grand Design」ではないと言っただけですが、ラポポートはもう一歩踏み込んだ分類を与えました。例えば原始社会的なアフリカの集落とイタリアのヒルタウン集落それぞれの住居の建設行為を比較研究する中から「Primitive」と「Vernacular」という分類を与えたのです。

『住まいと文化』を読むと、「Primitive」という原始的な集落の住まいは集団メンバーみんなで共同でつくるのが基本で、専門職がいません。一方、「Vernacular」には日本で言えば大工のような専門職が存在しています。だから「Vernacular」の範囲は非常に広いのです。この分類を手に入れたことの意味は非常に大きく、このことと今話題にしている「リージョナル」には重なってくるところがあります。ただ、「リージョナル」は、わかりやすく言えば「Vernacular」と「Modern」のあいだにあります。「Vernacular」についても、「Modern Vernacular」と「Pre-Industrial Vernacular」の二つにさらに分かれます。このラポポートの分類によって、われわれはさまざまな建築を分類して考察することができるようになったのです。

［ダイアローグ］

批判的地域主義とテクトニックの問題

藤原徹平　「Vernacular」とは、素人だけでつくるのではなく、専門家が関わることだ、というお話がありました。大工などが関わっていくことが「Vernacular」なのだとすると、「Vernacular」には構法の問題が背後に存在するのだと理解できました。

渡辺　しかし「Vernacular」の中には建築家による設計は含まれていません。例えば、日本では素人が間取り図を描いて大工に渡すと、住居をつくってくれますよね。「Vernacular」とはそういうことです。

藤原　フランプトンについて思うのは、技術の問題から建築の生成を語ることに興味がある人だということです。テクトニックが必然的に生み出すスケールや構法が持つ肌理のようなものの表われに関心が強くあって、個人の内面の表現や情緒のようなものとしての造形には興味があまりない建築史家、という印象です。

市川　批判的地域主義に代表されるように、フランプトンは建築の「地域性」「場所性」の重要性を主張してはいますが、他方では技術やテクトニックという、建築それ自体に内在する自律的な原理を重視しますね。『テクトニック・カルチャー』がまさにそのような本ですが、「批判的地域主義に向けて――抵抗の建築に関する六つの考察」でも、このように述べています。「地勢と光とはその批判性において重要なものではあるが、建築の自律性の第一の原理は、風景配置的なものではなくて構造学的なものにある」(『反美学』五九頁)。つまり、地域や場所の表現は、自然環境に対して受動的に応答するかたちで生まれるのではなく、あくまでもテクトニック、「構造学的なもの」から自律的に生み出される必要があると考えている。この意味で、フランプトンが主張する批判的地域主義の建築というのは専門職を求めるので、それはプリミティヴではなくヴァナキュラーなものだと位置づけられますね。

態度としての批判的地域主義、形態としての批判的地域主義

市川　私が気になっているのは、フランプトンの批判的地域主義というのは、はたして「態度」の問題なのか「形態」の問題なのかということです。フランプトン自身の記述を読むと、「抵抗」とか「解放する地域主義」とか、突き詰めると精神論になってしまうような内容も見られます。地域主義と批判的地域主義を切り分けるラインが、建築に実際に表現された「形態」というよりも、建築を生み出すときに建築家がいかに地域性なるものに対峙したのかという「態度」に拠っているところが大きいように思うのです。渡辺さんは一九八〇年代にフランプトンが批判的地域

主義を提示した当時、どのように読まれましたか。

渡辺　このフランプトンの文章を初めて読んだのは、『反美学──ポストモダンの諸相』というポストモダン言説のアンソロジーに収められていた「批判的地域主義に向けて」でした。僕はフランプトンはチャールズ・ジェンクスのようなポストモダニズムの評論家とは一線を画していると考えていたので、なぜこの本に収録されているのか不思議でした。フランプトンが論文の中で取り上げている建築も、ヨーン・ウッツォンやアルヴァ・アァルトなどモダニストによるものです。彼の場合、次の時代を予見していたというよりは、隆盛を誇る当時のポストモダニズム建築に対して釘を刺しておこうと考えていたような気がします。

一方で、建築を設計するうえでリージョナルであることは、今後ますます避けられなくなるだろうと僕は予測しています。しかしそれは、ややもすると地域的（リージョナル）であることを強要することにつながってしまう。コンペの要項に地域生産材の使用が求められるのはまだしも、リージョナルがローカルな建築形態や構法を正当化する口実になってしまうリスクがあることはたしかなので、「クリティカル」にリージョナルであることがボトムラインであることを確認しておく必要があります。

市川　たしかにフランプトンには、ポストモダニズムの記号的表現に対するアンチの意識は強くありますね。視覚から触覚へ、という考えがまさにそうです。モダニズムを地域的な表現を含みこませながら延命／復活させる意図があるように感じます。これはある意味、良識的で保守的な態度だと言えますね。

グローバリズムにおけるローカリティ

市川　ところで、批判的地域主義の考えはアジアでもよく広がっているように思います。私が留学していた中国でもフランプトンの主著はすでに翻訳済みで、建築家たちも、いかに近代的なビルディングの中に中国的なローカリティの表現を含ませられるかに苦心しています。例えば、北京には「四合院」〔図10〕という古くから続く住居形式がありますが、その空間構成やデザイン言語を応用しながら新築をつくることにみんなが関心を寄せている。保存に対する意識もかなり高まっています。しかし、四合院などの老住宅にはトイレや風呂などの設備がないことも多いので、居住者自身は再開発のための取り壊しの対価に補助金を得て、近代的でしゃれた高層マンションへの移住を承諾するケースも少なくない。今、批判的地域主義の建築を考えるには、こうした居住者自身の考えも十分に考慮する必要があると感じます。ワークショップなど、地域の人との協働作業が当たり前になりつつあるからこそ、「地場産の樹を使って……」というような記号的な表現を避ける——フランプトン的に言えば「抵抗」する——ために、建築家一人の「態度」の問題というよりも、より具体的な「戦略」の問題として、批判的地域主義を考える必要があるのだと思います。

渡辺　上海では古いものを残す街区と、近代化する街区を明確に分けていますよね。それは政治の役目だと思いますが、日本ではそれがうまく機能していない。

図10: 四合院形式の住宅
撮影＝市川紘司

藤原　開発と言えば、先日再開発について内藤廣さんと会話したときに、オルテガ・イ・ガセットの『大衆の反逆』（一九二九／邦訳［新書版］＝寺田和夫訳、中公クラシックス、二〇〇二）という本を薦められました。ガセットによれば、大衆とは、自らを凡庸であると自覚し、むしろ大胆にも凡庸なるものの権利を確認して、これをあらゆる場所に押し付けようとする存在で、大衆が力を持つ状況においては、専門家こそが奇怪な存在に受けとられるということでした。大衆がますます力を持つ時代であることは無視できないことのように感じます。

渡辺　大衆が権力者になるということは、別の言葉で言うと「ポピュリズム」ですよね。政治も経済もポピュリズムに向かいやすい。それは建築でも大きな問題です。近代建築に特有の二つのテーゼについて、コーリン・ロウは「科学に町をつくらせよう、あるいは大衆に町をつくらせようという二者択一《オールタナティブ》」（『コラージュ・シティ』一八頁）と述べています。

藤原　ポピュリズムが強くなってきている現代の日本において、大衆の性質として要請される「凡庸さ」と「地域主義」が一致しないという、バランスが崩れた状況にあります。西洋でモダニズムが生まれた時代、地域主義は、後衛的なものであると同時に凡庸な存在でもあった。ここでは地域主義こそが大衆の要求の対象だったと思うのです。モダニズムが地域主義を突破するものだったとしたら、批判的地域主義の建築は、凡庸さによらない地域らしい建築ということになるのかもしれない。しかし、今の日本で考えると、大衆が要求するものがそもそも地域主義的なものではないわけです。ポピュリズムに従っていくと、記号の寄せ集めになってしまうところがあります。どうしてこんなことになってしまったんだろうかと思うと、もしかすると、そもそも日本では、モダニズム、近代ということがきちんと歴史の中で確立しなかったからではないか？　とも思えてきます。

渡辺　「近代」という概念は西洋的なもので、本来日本的な概念ではないですからね。とはいうものの、別の考え方をすれば、日本社会は国民が均質的でかつ効率のよい生活基盤が整っている社会という意味では、突出した「近代的」な社会だと思うんです。新自由主義のもとで経済のグローバリゼーションが進行しましたが、そそれに併走するかたちで建築都市分野でもモダニズムがグローバリズムに変質した。モダニズムにはもともと「インターナショナル・スタイル」指向の部分があったわけだから、それはさほど困難ではないわけで、モダニズムがグローバリズムに変質した時点で、その波に乗るのか降りるのか、それが今われわれに問われているのではないでしょうか。

藤原　グローバリズムの中でローカリティはいかに可能か、という問いですね。

渡辺　そう考えると、ヨーロッパの街はグローバリゼーションの中でもいまだにアイデンティティを保っていますね。小さな街でも生き生きしている。うまくいっていないのは主に日本とアメリカだと思います。日本には「限界集落」の問題がありますし、アメリカには「ゴーストタウン」という本当に見捨てられた街がある。今、日本では急速な人口減少が進んでいます。ほかの国だったら移民で補填していくでしょうが、日本ではそれをよしとせず、人口の大増殖と激減を繰り返す、不思議なレミング現象のような状態が起きています。毎年小さな街が消滅するほどの人口減少を傍観しているわけでしょう。とても不思議な国だと思います。

辺境としてのマレー軸

市川　日本を含む東アジア・東南アジアの都市は、グローバリズムの中で都市開発が進んだ結果、ヨーロッパのようにはローカリティをうまく保持することができていないように思います。中国でも、北京や上海はまだ歴史を感じられますが、地方都市などは本当にどこも似たり寄ったりでローカリティを喪失しています。レム・コールハースの言う「ジェネリック・シティ」ですね。伝統や文化を育む固有のアイデンティティを喪失した都市。効率と機能を重視することで生産された近代的なビルディングが反復する街並み。コールハースはそれを空港に似ていると表現します。たしかに空港は世界中どこに行っても似たような空間が基本で、国の玄関口として最大公約数的なありきたりの地域的表現が貼り付けられたりするだけです。批判的地域主義の対極にある建築タイプだと言えます。

藤原さんが会場構成を担当されたギャラリー・間での展覧会「アジアの日常から：変容する世界での可能性を求めて」（二〇一五年一〇月一七日－一二月一二日）では、日本を含めて五カ国のアジアの若手建築家が参加されていました。強引にまとめてしまえば、彼らは近代的な建築のルールにある程度則しながら、それぞれの土地のローカルな素材や特徴的な形態や雰囲気を間接的／直接的に抽出する作家で、まさに「批判的地域主義的な」と形容できる建築家であると思います。各国の建築家のあいだで、共通の問題意識はあったのでしょうか。

藤原　五組の建築家（チャトポン・チュエンルディーモル［タイ］、リン・ハオ［シンガポール］、ヴォ・チョン・ギア［ヴェトナム］、大西麻貴＋百田有希［日本］、チャオ・ヤン［中国］）は、キュレーターのエルウィン・ビライさんが中心となり人選しています。五組が選ばれたとき、大西麻貴＋百田有希さん以外は知らない建築家ばかりだったので、まずはビライさんと一緒に全員に会いに行くことになったのですが、そのときに訪問先がすべてマレー半島軸上にあることに気づきました。これはもしかしたら西洋、東洋という尺度では捉えきれない状況で、軸のずれた辺境＝エッジに世界中の文化が集まってきて、そこが次のフェーズをつくりつつあるのかもしれないと考えたのです。

　私が特にいいなと思ったのはリン・ハオとチャオ・ヤンでした。二人は建築の形は似ていませんが、どこか距離をとるという点で同質さを持っています。リン・ハオは、経済大国としてのシンガポールからは距離をとった生き方をしています。事務所を持たずに漂流民的に仕事をしている。チャオ・ヤンは、ハーヴァード大学を出た後に、わざわざ大理石が産出されることで有名な雲南省大理《ダーリー》まで移動をして事務所をつくっている。彼にとって親戚も縁者もいない、なんの所縁もない街です。このように、政治や経済の中心から距離をとることが、ローカリティを保持するための有効な手段のひとつになりうると感じました。

市川　マレー半島軸には、ヨーロッパやアメリカはもちろん、グローバリズムの影響をダイレクトに受けている地域とは違う軸があるということですね。興味深かったのは、藤原さんが展覧会カタログの中で、日本人を除いた四組の建築家それぞれが、日本の建築から影響を受けていると書いていたことです。そもそも日本の建築は、世界建築史の中では西洋の建築に対する周縁、リージョナルなものに属します。だからこそフランプトンは日本の安藤忠雄の建築を批判的地域主義の代表的事例として取り上げている。そのリージョナルな日本から、別のリージョナルなマレー半島軸へと伝播していっていることは面白い。フランプトンの視線には、アメリカ・西欧という「中心」から、アジアや南米という「周縁」を評価するような西洋中心主義的なニュアンスがあるように思うのですが、リージョナルなものというのは本来的には優劣の序列がキャンセルされているはずです。そのような状況が実際に生まれているような印象を受けました。

欧米から見た日本、アジアから見た日本

藤原　先ほど渡辺さんから、日本はハイパー近代だというお話がありました。たしかにそうかもしれない。近代のその先を日本は考えざるをえない。経済や社会の課題もかなり複雑です。そうした状況の中で生み出される日本の建築を、辺境にいるアジアの建築家たちは無邪気に参照している。だけど、彼らの国では同じことはできないわけです。どうやってそれを各々の地域に接続していけるかを考えなければならない。そういう意味では、批判的地域主義がとった態度に非常に近いと思います。地域主義ということがいまだに凡庸な存在である辺境＝エッジにいるからこそ、そうした態度をとることができるのだと思いますが、日本にいるわれわれがどのよ

うに中心から距離をとることができるのか、どうやってローカリティの境界を創造できるか。それが今後の課題だと思います。

渡辺　モダニズムの観点から言えば日本はずっと辺境にあったわけで、その中で建築をつくってきた姿勢は、今のアジアから見れば理解できるところが多いのではないでしょうか。ユーロセントリズム（ヨーロッパ中心主義）の文脈ではないところから、これから自分たちがどう進んでいったらいいのかを考える指標にはなりうるはずです。

藤原　日本はもはや辺境ではなくなりつつある状況です。参照すべき中心はない。自分たちの足でどうやってもう一歩前に進むのか。それを皆悩んでいるのだと思います。

渡辺　ヴェネツィアの建築大学に通っていたときに、クラスですごく図面を描くのがうまい友達がいて、あるとき彼に「卒業したらどうするの？」と尋ねたんですね。すると「自分の街に戻る」と言うので、じゃあそこで建築設計の仕事をするのかと聞いたら、「親父が靴屋だから靴屋になる」と言われてびっくりしたことがあります。でもよく考えたら、そういう人が靴屋になると確実に街の質が上がるのではないでしょうか。日本にもいろいろな地方都市があるし、そういう場所と自身を関係づけて仕事をしていく人が増えると、日本の街も変わっていくだろうと思います。

市川　フランプトンの批判的地域主義を「態度」の問題と考えれば、あらゆる領域において今現在求められるものであると言えますね。建築を専門的に勉強した人が建築設計者にならなかったとしても、地域に貢献しうる経路はある。

渡辺　今後さらにそのような態度が求められるでしょう。日本には悲鳴を上げている地域がたくさんある。デザインを専門的に勉強した人がそういう地域を助けていくことで、地域の状態が明らかに変わる。靴屋になると言ったイタリア人の友人は、何か誇りを持っているように見えました。イタリア人は人生の基本がしっかりしていますよね。そういう誇りを日本人も持たないといけない時代なんじゃないかな。

質疑

北山恒　一九七七年にチャールズ・ジェンクスが『ポスト・モダニズムの建築言語』(邦訳=『a+u』臨時増刊、竹山実訳、新建築社、一九七八)を出して、八〇年にパオロ・ポルトゲージが「過去の現前(Presence of the Past)」をテーマに、第一回のヴェネツィア・ビエンナーレ国際建築展を開催します。それが建築におけるポストモダンのとば口になっていきます。ポストモダンが歴史的モチーフを援用した形態的表現に流れていくのに対し、フランプトンは概念としてポストモダンを再定義しようとしたのではないか。「批判的地域主義に向けて」はある意味で、「反形態(＝目に見えるものでないもの)」についての理論的「抵抗」だったのではないかと思います。

渡辺　ジェンクスの『ポスト・モダニズムの建築言語』に対するアンチテーゼとして、フランプトンが「批判的地域主義に向けて」を書いたというのは、その通りだと思います。ただ残念なことに、「クリティカル・リージョナリズム」はジェンクスの言説と同様に、ポストモダニズムの新しい思想、新しいファッションのひとつとして受け取られてしまい、いまひとつ訴求力を持ちえなかったとも言える。

北山　そうですね。一方で、八〇年代と現代では「地域」という問題の位相が変化しているのではないでしょうか。八〇年代はやはりスタイルの問題という傾向が強かったように思います。現代においては、建築という概念自体が変化していて、地域的な問題はもはやスタイルの問題ではありえない。概念としてフランプトンが提出し、西洋文明の中ではスタイルの問題として捉えられてきたものが、現代的な状況の中ではスタイルを超えてしまったと考えたほうがいいのではないかと思います。

渡辺　おっしゃるように八〇年代の状況と現在の状況はまったくフェーズが違うと思います。電子化した経済が世界中を覆い尽くしていて、境界がなくなった状態で「地域」とは何かを考えなければいけない。これはかなり深刻な問いで、効果的な解答が出ないままではすべてのローカリティが消滅しかねません。

藤原　槇文彦さんが『漂うモダニズム』(左右社、二〇一三)でおっしゃっているように、「中にどのような素材が入っているかがわかるブイヤベースやケンチン汁でなく、食材が正体不明のポタージュ化しつつある」(二四頁)モダニズムの中で、「地域」が問われているのが今の状況だと思うのです。「大海原」＝インターナショナル自体がポタージュ化しているわけだから、その対概念である「地域」も正体不明なまでに溶けていると。そこでは人間が居場所を失いつつあり、どうすればローカリティが逆説的にも再び強度を持って立ち上がることができるのか、ということではないでしょうか。

市川　一九八〇年代にイギリスのサッチャー政権、アメリカのレーガン政権によって、小さな政府を標榜する新自由主義が台頭して、本格的な資本のグローバル化が生じますね。こうしたグローバル資本主義の展開の中で大都市に生まれたのがいわゆる「アイコン建築」であったわけですが、こうした状況の発生と同じタイミングでフランプトンは批判的地域主義を提示しています。批判的地域主義は、土地の固有性や文化をさらっていくグローバル資本主義の大波に抵抗する、建築家の良心を示すキーワードであったと言えます。

渡辺　今われわれは、資本主義しかない世界にいるわけです。資本主義が延命を続けるためには、資本を自己増殖させるための簒奪・搾取する場所が必要です。しかし、そうした場所はもはや世界にはあまり残っていません。だからこそ違うやり方を学んでおかないと危険で、そういう意味ではやはりヨーロッパは参考になります。イタリアも経済成長率は日本と近いレベルの低い数字が続いていますよね。でも、イタリア人の友人たちと話すとそれほど危機感を募らせていない。危機的な状況になっても、自分たちは生きていくための基盤、つまりローカルをしっかり持っているという自負のようなものを感じるのです。

藤原　形態やスタイルから、建築という概念自体に問題が変わりつつあるというお話は、その通りだと思います。僕が大学で建築を学んでいた一九九〇年代には、まだ雑誌でもスタイルの話が多くありました。しかし最近の雑誌を見ると、建築は地域社会や都市文明に対してどのような働きをするべきかなど、シリアスな議論がされています。建築は、どのようにすれば人間の居場所がつくれるか、アイデンティティのよりどころとなるアドレスをどう用意できるのか、と問われている。だからこそ、若い建築家は、小さな建築の中にも建築の可能性を見出そうとして向き合っているのだと思うのです。たとえ一戸の住宅であってもそこにローカルを生み出せるのであれば、このような時代の中で大きな価値を持つはずです。

［編註］

＊1　マーシャル・プラン……一九四七年、アメリカのトルーマン政権で国務長官を務めたジョージ・マーシャルが指導したヨーロッパ復興計画。第二次世界大戦で疲弊したヨーロッパ諸国に、四年ほどのあいだに一〇〇億ドルを超える復興援助を行なった。他方で、援助の受け入れをめぐって欧州の分断が進み、東西冷戦の布石ともなったとされる。

アルド・ロッシ

Aldo Rossi

『都市の建築』と新しいタイポロジー

一九三一　イタリア・ミラノに生まれる

一九五九　ミラノ工科大学卒業

一九六一－六四　『Casabella Continuità』編集

一九六五　ミラノ工科大学準教授に就任

一九六六　*L'architettura della città*
（『都市の建築』大島哲蔵＋福田晴虔訳、大龍堂書店、一九九一）

一九七九　《テアトロ・デル・ムンド（世界劇場）》（ヴェネツィア・ビエンナーレ出展）

一九八一　*Scientific Autobiography*
（『アルド・ロッシ自伝』三宅理一訳、ＳＤ選書、一九八四）

一九九七　イタリア・ミラノにて死去

一九九八　《門司港ホテル》

Ardo Rossi ◎ 建築家、建築・都市理論家

山道拓人

ロッシが生きた時代背景

山道拓人　アルド・ロッシは、一九三一年ミラノ生まれの建築家。ミラノ工科大学在学中から建築雑誌『Casabella Continuità』の編集に関わっており、建築メディアからキャリアをスタートしました。まだあまり実作がない一九六六年、三五歳のときに『都市の建築』（邦訳＝大島哲蔵＋福田晴虔訳、大龍堂書店、一九九一）［図1］を書き、その後多くの作品を手がけ、一九九〇年にプリツカー賞を受賞、亡くなる一九九七年まで活躍した建築家です。

『都市の建築』が刊行された一九六六年には、ロバート・ヴェンチューリの『建築の多様性と対立性』（邦訳＝伊藤公文訳、鹿島出版会、一九八二）も出版されました。これら二冊の書籍が、一九五九年にCIAM［＊1］が解体したあとのモダニズムや機能主義の価値観が揺らいでいた時代における理論的双璧として位置づけられています。ここでは『都市の建築』を皮切りに、ロッシについて私なりに噛み砕いて紹介していこうと思います。

都市であり建築である「都市的創成物」

『都市の建築』は、まず《パラッツォ・デッラ・ラジョーネ》という市庁舎兼裁判所として建てられたパラッツォ建築の紹介から始まります。

この建築のもととなった建物は、一一六二年に着工し、一一六六年に一階部分が完成。そして、一二一八年頃に改築あるいはあらためて建設されたとされています。一三〇〇年頃に大々的な改築がなされ、一階に市場を擁するアーケード、二階には人々が集まる大広間、ロッジアなどがつくられ、現在の形が完成します。その後、一四二〇年の大火で再建、一七五六年の竜巻で再修復され、このとき司法の機能はなくなり、今は食料品マーケットとして使われています。この状況を示す重要な概念が「都市的創成物」です。

とりわけ、この種のパラッツォが複数の機能を容れることができ、しかもこれらの機能がいわばその建築の形態とは全く無関係に存在し、それでいながら、まさにその形態

図1:『都市の建築』

そのものが私たちに強い印象を与えているのは驚きであって、(…中略…)その建物の方は都市の構造となっているのである。——『都市の建築』一九頁

ロッシは都市を機能ではなく「形態」から論じました。都市の歴史の中で、いかに使われようとも、継承され、生き長らえている構築物が「都市的創成物」と言えそうです。また都市的創成物は、「集団により創成されてきた」(同書二二頁)という意味で集団的記憶を備えていると言えます。

時代を超えた定数としての「類型《タイプ》」

「都市的創成物」とともに、ロッシを考えるうえで重要な概念が「類型《タイプ》」です。「類型」について説明していきましょう。『都市の建築』の中でロッシは、フランスの建築理論家カトルメール・ド・カンシー(一七五五–一八四九)の言葉を引用し、混同されがちな「モデル」と「類型」の違いについて次のように整理します。

モデルは美術の実際の制作のために要請されるものであって、それをそのまま

の形で再現すべき対象なのである。(…中略…)「類型」はそれとは逆に、各自がめいめいそれに基づいて作品を構想すべき対象であり、それらの作品は少しも互いに似てくるということはない——同書三二頁

そしてロッシ自身は「論理学用語を用いるなら、その何ものか[類型の要素、あるいは類型そのもの]とは、一個の定数であると言うことができる」(同書三四頁、[ ]内は筆者による。以下同)と言い、例えば、集合住宅の類型について具体的に書いています。

集合住宅の類型は古代から現代に至るまで全く変わることがなかったのではないかということだが、(…中略…)いかなるときにも新しい生活様式の可能性がなかったなどということを断言しようとするものではない。片廊下式の集合住宅というのは昔も今も変わらぬ都市住宅の図式であり(…中略…)廊下でもって部屋を区切るというのも一つの必然的図式だが、しかし何と多様な相違が、同じ時代の家々に、それもこの類型に基づくそれら同士のなかに、認められることであろうか。

——同書三五頁

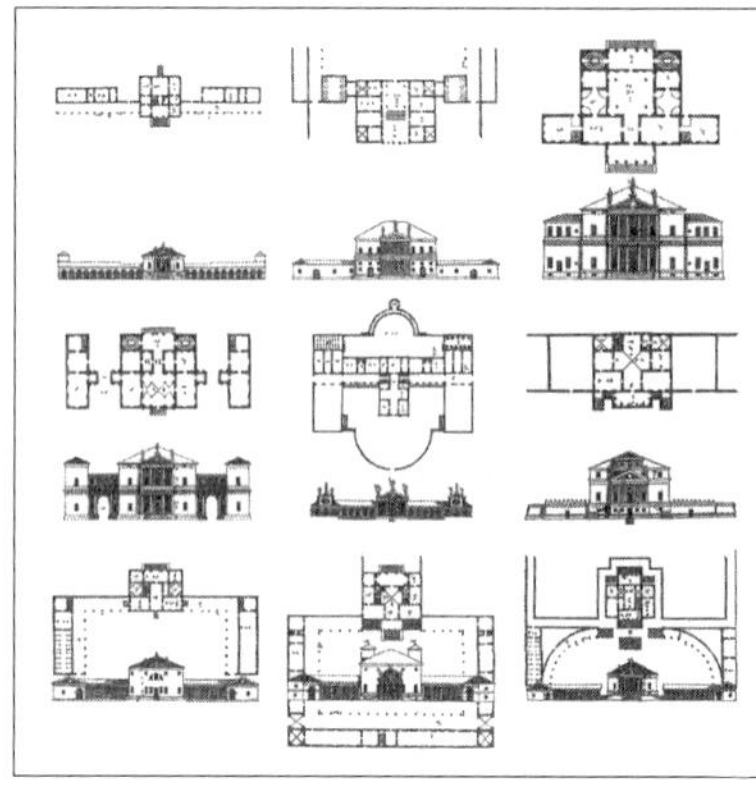

図2：シンメトリー、プロポーションなどの関係による古典主義的な類型
引用出典＝坂本一成ほか『建築構成学　建築デザインの方法』（実教出版、2012）

つまり、時代を経てライフスタイルが変わる中で、片廊下式という類型から多様な形態が生まれたとも言えるし、同時に多様な形態の中に都市住宅としての共通性、すなわち類型を見出せるとも言えます。これが類型のひとつの側面です。

「素朴機能主義批判」

類型は、観察者の視点や思想の違いによって、さまざまに描くことができます。例えばシンメトリー、プロポーションなどの関係による古典主義的な類型［図2］があります。これは人体を美の規範として参照するという時代精神を表わします。あるいは、機能や性能などの関係による機能主義的な類型もあります。これは古典主義の乗り越えとも言うべき見方で、時代や主義によらず建物同士を機能を通して比較可能にします。

建築設計の資料集成などにおいても劇場を「プロセニアムステージ型」や「シュ

ーボックス型」といった機能の違いから整理をしており、極端な例ではありますが、「オペラハウス」と「ライブハウス」というようなまったく時代背景が違うものであっても比較可能になります。しかしロッシは、「素朴機能主義批判」という思考を展開しています。

もし都市的創成物がもっぱら新たな機能の容器として絶えず造り出され更新され得るものであるとするなら、都市構造の価値そのものまでが、（…中略…）たやすく改変できるということになってしまう。建築や形態の永続性ということも何ら価値を持たないことになり、また都市自体もその一要素であるところの確固たる文化の伝達という価値までが、危機に曝されるのである。（…中略…）

素朴機能主義の理論がしかし殊の外便利なものとなるのが、初期分類の段階であり、（…中略…）もっぱら道具として用いることにし、かつこの段階ではあまり複雑な創成物の説明を抽き出そうなどとは考えないことにするのだ。

――同書三九頁

ロッシは、機能による類型は道具として用いることにとどめよと強調しています。ピーター・アイゼンマンは『都市の建築』英訳版序文「記憶の家：類推のテキスト」で、類型という概念は既知のものを分類する手段にすぎなかったが、ロッシは類型に都市と建築を媒介する創作論的な視点を見出したとしています。

「類型」から「類推」へ

もうひとつ「類推」という概念が出てきます。「類型」にロッシ自身の記憶や経験など主観が混ざってくるのが「類推」です。ロッシは記憶について次のように述べます。

事物を観察することとは、私の形態学習の上でもっとも重要なものであり続けたと思われる。というのも、観察は後に記憶に変形されるからである。（…中略…）しかし、このカタログ［観察した事物］は、想像力と記憶の間のどこかを漂っているのだが、それとて中立的ではない。いつもいくつかの対象の中に改めて姿を現わし、それらを変形させ、なおかつ何らかのかたちでそれらの発展を促すのだ。

——『アルド・ロッシ自伝』（一九八一／邦訳＝三宅理一訳、SD選書、一九八四）五四頁

「類推の時間は、二重焦点のレンズのようなもので歴史と記憶との二焦点からなる」(「記憶の家：類推のテキスト」『都市の建築』四一六頁)とアイゼンマンも言葉を寄せているように、都市の歴史的な時間に個人の記憶の時間が重なってしまうことで、類型的な認識が連想ゲームのように変形されていくのが類推だと言えそうです。

作品を通して理解する

これらロッシの概念は、都市を分析、認識するためのツールであると同時に、設計のツールとしても想像力豊かに活用されていきます。ここでは彼のプロジェクトをいくつか紹介していきます。

1 《モデナの墓地》(一九七一-七六)

ひとつめの《モデナの墓地》[図3]は、まったく墓地に見え

図3:《モデナの墓地》
引用出典＝Germano Celant and Stijn Huijts eds., *Aldo Rossi: Opera Grafica*, Silvana, 2015
撮影＝Stefano Topuntoli

図4:《ガララテーゼの集合住宅》
提供=Go Hasegawa and Associates

ない集合住宅のような佇まいです。ここには戦死した人や貧しい人なども一緒にお墓に入ろうという想いが込められており、いわば家としての墓地です。たんなる「墓地」のデザインではなく集合住宅の類型を参照しながら、「亡霊の家」として設計しているわけです。「機能から考えない」という意図がよくわかります。

さらに、ロッシが事故にあって入院しているときに食べた魚が骨だけになった状態を見てアイデアを展開したという逸話があるように、一見、家らしく見えますが、中へ入ると骨組みだけになっているところなどからは、「家の亡霊」というイメージも連想されます。

2 《ガララテーゼの集合住宅》(一九六七-七三)

《ガララテーゼの集合住宅》[図4]では、ポルタ・ティチネーゼ通りの一般市民向け住宅の外廊下式の類型が参照されます。ロッシは『自伝』の中で、あらゆる過去の建築家が柱の陰に身を潜めているとも書いています。つまり、外廊下式という類型に、同時代に生きているル・コルビュジエやルイス・カーンなどについての個人的な記憶が重ねられることで、このような類型的でありながら類推的、ヴァナキュラー的でありながらモダニズム的な雰囲気を持った空間になっていると言えます。

3　「エルバ島の木小屋」（一九七五）、「キエティの学生寮」（一九七六）

七〇年代後半になってくると、より類推的なドローイングも登場してきます。漁師町にありそうな木小屋のモチーフが繰り返し登場するようになり、「木小屋は私の知る限りおそらく最高の建築作品である」（『アルド・ロッシ自伝』四一頁）と言ってみせます。

図5:「キエティの学生寮」
引用出典＝『アルド・ロッシ自伝』

「キエティの学生寮」のドローイング［図5］では、「なるほど私は、ベルリンの市街鉄道《シュネル・バーン》の大アーチの下に構える居酒屋や、フェラーラ大聖堂の裏に建てられた二階建のキオスク、その他にもある特定の機能がまさか予想もしていなかった大架構の下で出来事を惹き起こしていくような、あまたの事物にこれまでいつも情念をかきたてられてきた」（同書一七三頁）と述べており、大架構や、小屋やキオスクといった複数の類型と自分の記憶の中にある風景を重ねながら、イメージが展開しています。ロッシにとっての大アーチの下にある居酒屋のイメージからは、日本では昔中目黒駅の高架下にあった飲み屋街などが類推されます。

4　「類推的都市」(一九七六)と《テアトロ・デル・ムンド(世界劇場)》(一九七九)

こういった類推的な思考が最も強く表現されたプロジェクトは、「類推的都市」[図6]と《テアトロ・デル・ムンド(世界劇場)》[図7]です。

「類推的都市」は、一九七六年のヴェネツィア・ビエンナーレで発表されたドローイングです。歴史的な都市図とロッシの設計案などのドローイングがコラージュされています。さまざまな時代のパースや平面図などを共存させることで、ロッシが類推する都市が表現されます。機能やゾーニングを超えて、歴史的都市の中で建築を位置づけていく方法が示されていると言えるかもしれません。

《テアトロ・デル・ムンド》は一九七九年のヴェネツィア・ビエンナーレでつくら

図6:「類推的都市」
引用出典＝Germano Celant and Stijn Huijts eds., *Aldo Rossi: Opera Grafica*

図7:《テアトロ・デル・ムンド(世界劇場)》
引用出典＝Peter Arnell and Ted Brickford eds., *Aldo Rossi: Buildings and Projects*, Rizzoli, 1985
撮影＝Antonio Martinelli

れた移動型劇場で、船に曳かれて旅をするような設計になっています。

『都市の建築』の訳者、大島哲蔵はこれについて「夕焼けでドームがシルエットに還元されるようなイメージを、自分の中で再生させたもの」（大島哲蔵「タイポロジー――アルド・ロッシからドナルド・ジャッドまで」『10＋1』No.29、LIXIL出版、二〇〇二、一八一頁）だと評しています。

アントニオ・マルティネッリという写真家による《テアトロ・デル・ムンド》の写真が『アルド・ロッシ自伝』の中で紹介されています。「ヴェネツィアのスカイライン」というタイトルで、ヴェネツィアの建物と《テアトロ・デル・ムンド》に共通しているシルエットを捉えた写真です［図8］。

個人のイメージから発想されながらも、たしかにそれはヴェネツィアそのものだと思わせてしまうのが、類推的な方法の醍醐味です。厳密な正否というよりも、つくり手のかけがえのないイメージに、受け手が共感しながら関係を構築していく創造的な方法だと思います。

図8:「ヴェネツィアのスカイライン」
引用出典=『アルド・ロッシ自伝』
撮影=アントニオ・マルティネッリ

ロッシから学ぶ

以上、ロッシについて断片的に紹介しましたが、ロッシから学ぶべきは「歴史」あるいは「過去」というものを私たちがどう活用していくかということです。

例えば京都に行くと、町家を改修してゲストハウスにしたり、オフィスとして使っていたり、カフェになっていたり、土間で雑貨を売っていたりします。どのような用途だとしても、今日でも人々は「町家」という類型の中で日常を過ごしている、とも言えるわけです。こういった日本的な類型や、そこに紐づいた時代を超えたふるまいを手がかりに設計していくこと、つまり先代から受け継いだ資源を活用できるかが、今問われているような気がしています。

もちろんロッシが生きたイタリアと日本では、都市や建築の成り立ちが違いますから、私たちなりの方法を考えなくてはなりませんが。

長谷川 豪×北山 恒　モデレーター＝山道拓人

［レクチャー］

実用的な過去／使う対象としてのタイポロジー

長谷川 豪　今日は「タイポロジー」というものを今どのように考えることができるか、こと建築の実践において、タイポロジーにどのような可能性があるかという話をしたいと思います。

まず最初に参照したいのが、ヘイドン・ホワイト［＊2］という歴史家・文芸批評家による「実用的な過去」という概念です。ホワイトは、「歴史をつくった人々」が築いた「真理」を歴史研究者が編むことによって、学問として権威を確立してきた「歴史学的過去」を批判しています。それに対して、歴史研究者が対象としない、普通の人々の日常的な記憶や過去認識の中にこそ、現在の実践的な問題の解決につながるような「実用的な過去」があるのではないか、ということを言っています（「実用的な過去」『思想』岩波書店、二〇一〇年八月号）。まさにこの「実用的な過去」が、僕がタイポロジーについて考えていることに近いんですね。

去年まで二年間、スイスのメンドリジオ建築アカデミーで教えていたのですが、その中でアルド・ロッシの『都市の建築』を参照しながら、ベルリンに集合住宅を計画するという課題を出しました［図9］。設計しながら学生と建築のタイポロジーについて議論するわけですが、話しているうちに彼らがタイポロジーをある種の規範のように捉えていることに気づきました。つまり、すでに系譜として完成されたものであるという、「守る対象」としてのタイポロジーなんですね。でも僕はそこは少し違っていて、おそらく日本で建築を学んで活動しているからかもしれませんが、むしろタイポロジーを「使う対象」として考えたいと思っているのです。

ロッシは『都市の建築』の中で「ベルリンにおける住居類型の問題」という章を設け、ヴィラ、ジードルング、ブロックの三つの住居タイポロジーが共存しているベルリンについて書いています。行ってみるとたしかにそれら三つのタイポロジーがあるわけですが、当然ながらそれら三つだけでベルリンの都市が構成されているわけではなく、実際にはジードルングとブロックに挟まれた曖昧なエリアがあったり、戦時の爆撃によってブロックが半分壊されて、中庭が通りとつな

図9：メンドリジオ建築アカデミーでの講評会
撮影＝樋口貴彦

がりパブリックスペースになっていたり、三つのタイポロジーからはみ出していく面白い事例がたくさんあるのです。最終的に学生からは、ジードルングとブロックに挟まれたエリアで両者をハイブリッドする新しいタイポロジーをつくるといった面白いアプローチがいくつも出てきました。

「ポスト史観」から「連続的で積層的な歴史観」へ

スイスに通いながら、アルヴァロ・シザ、ヴァレリオ・オルジャティ、ケルステン・ゲールス&ダヴィッド・ファン・セーヴェレンなど、巨匠から若手まで六組のヨーロッパの建築家に、歴史についてどのように考えているのか話を聞いてまわって、それを『カンバセーションズ』(LIXIL出版、二〇一五)という本にまとめました。歴史に対するアプローチの仕方も考え方もそれぞれ見事に違っていて面白かったのですが、彼らに僕が共感したのは、建築の歴史を一枚岩の絶対的なものとして捉えていないということです。日本ではどこか歴史は教義的なもので、「歴史認識を間違えてはいけない」という意識があるような気がしていて、ホワイトの言う「歴史学的過去」として捉えがちなのですが、彼らは歴史を資源として考えている。「歴史学的過去」を踏まえながら「実用的な過去」として扱おうとしている。そこに共感したし、自由になったような気がしました。

また、『カンバセーションズ』を通じてあらためて思ったのは、これまで日本の現代建築は「ポスト」というイデオロギーに支配されてきたということです。メディアの責任もあると思うのですが、一世代前を批判して乗り越えるというストーリーや、次は何が新しいのか、次は誰だ、といった「ポスト」の話題がいまだに幅を利かせている。元気な時代はそれでもよかったかもしれないですが、そろそろ日本の社会も底が見えて、明らかにくたびれてきている状況で、このやり方をいつまでも続けるのか。きっとそれは僕より若い学生のみなさんのほうが強く感じていることだと思います。

「ポスト史観」から「連続的で積層的な歴史観」へ、ということを『カンバセーションズ』の巻頭で書いています。新しいことを否定するわけではありません。未来をつくることと過去を掘り起こすことを同一平面上に、連続的に考えることができないか。先ほどの「使う対象」としてのタイポロジーという話も、まさにそうした関心の上に成り立っています。

〈はなす〉建築から〈かたる〉建築へ

ところで僕は、建築をつくることは、意思を形に示すことだと思っています。建て主、利用者、設計者、施工者といったさまざまな意思が集まって、それが建築の形に置き換えられる。そういう意味で、どんな建築もそれぞれの場所で何らかの「言葉」を発していると言えないでしょうか。

哲学者の坂部恵[＊3]は『ペルソナの詩学』(岩波書店、一九八九)の中で、言葉を発することには〈はなす〉と〈かたる〉の二種類がある、と述べています。〈はなす〉という言語行為は「離す」、「端 - 成す」といった原初的な分節に関わるものだそうです。それに対して〈かたる〉は「形 - る」、「かたどる」といった一旦は分節化、差異化されたものを統合するもので、〈はなす〉よりも上位の階層に位置するというわけです。

どんな建築もそれぞれの場所に対して「言葉」を発していると言いましたが、しかしほとんどの建築は〈はなす〉ほうだと思うんですね。内部／外部、人工／自然など、世界を分節する方向に建築は使われますし、また建築家が手がけるものは周りの普通の建物との差異を意識するものだからです。でも、僕は〈かたる〉建築をつくりたい。切り刻まれていく世界をつなぎ直す建築を考えたいし、周りの建物との差異よりも同一性を意識していたいと思っていて、そのときにやはりタイポロジー的な思考が必要になります。

proto-type-ology

最後に今カリフォルニア大学ロサンゼルス校（UCLA）で進めているスタジオについてお話しして、話をまとめたいと思います。建築をやっている人にとってロサンゼルスはやはり「ケース・スタディ・ハウス」［図10］の都市ですね。新しいライフスタイル、理想の社会に向けて、一九四〇年代から六〇年代にかけて建築家たちがこぞって住宅のプロトタイプをつくりました。モダンデザインの象徴のひとつとして、それらは世界中の建築家や愛好家に多くの影響を与えたと思いますが、その後のロサンゼルスの住宅のタイポロジーにはならなかったし、ほとんど影響も及ぼさなか

図10: ピエール・コーニッグ
《ケース・スタディ・ハウス #22 スタール邸》
提供＝Go Hasegawa and Associates

図11: ディングバット
提供＝Go Hasegawa and Associates

ったそうです。ケース・スタディ・ハウスは実際にいくつも見学することができて、どれも素晴らしい住宅だったのですが、隣の家にまったく無関心なんですね。視覚的にはガラス張りで開放的ではあるんですが、あり方としては完結的なのが印象に残りました。

ロサンゼルスには「ディングバット」［図11］と呼ばれるタイポロジーがあります。基本的に二階または三階建ての中流階級向けのアパートで、道路に面した一階部分が全部ピロティになっていて車が止められるようになっている。モータリゼーションが発達したロサンゼルス特有の住居タイポロジーです。いわゆる「建築家なしの建築」で、実際にロサンゼルスの建築家たちもディングバットのことはほとんど知らなかった。でも僕は、モダニズムの建築言語だとされているピロティが、ヴァナキュラーなタイポロジーに完全に組み込まれているということに興味を持ちました。つまりここではモダニティvs.ヴァナキュラーという対立が成立しなくなっているんですね。

UCLAのスタジオのタイトルは「proto-type-ology」としました。僕の造語ですが、同じ「type（型）」でも、「prototype（原型）」と「typology（類型学・類型論）」ではベクトルが全然違います。僕はその両方をやりたくて、タイポロジカルでありながら原型的な建築をつくりたいんです。「prototype」というとケース・スタディ・ハウスのように、新しさを希求するモダニティに寄り添いがちで、それだけだと先ほどの〈はなす〉建築になってしまう。「prototype」と「typology」、モダニティとヴァナキュラーといった対立に陥らずに、それらをつないでいく、〈かたる〉建築をつくっていきたいと思っています。

［ダイアローグ］

タイポロジーを書き換える

北山恒　長谷川さんのお話を聞いていて、「タイポロジー」という概念を日本で使うことの困難をあらためて感じました。西洋社会における建築の概念はわれわれのそれと違うわけで、ロッシの『都市の建築』を日本の学生が読んでわかるはずがないのです。文化が、文明が違うからです。戦後の一九五〇年代に急激な経済成長を遂げたイタリアの各都市で、都市が拡張するスプロールの時代を迎え、五〇年後半から六〇年代初頭ではこの都市問題が主要な論点だったようです。その中で論考や研究を行なっていた若手建築家グループのひとりとしてロッシが展開しているタイポロジーの話は、とりわけイタリアで想定されていた都市という概念が壊れていく中で、文明の危機のようなものを感じ取って書かれたという印象です。

ただ、『都市の建築』中のテキストは、六〇年代に書かれているものが多いにもかかわらず、再読されるのは七〇年後半から八〇年代頃です。ロッシがコーネル大学に行き、コーリン・ロウらと一緒にいた時期ですね。そこで『都市の建築』が初めて英語版になった。ただ、時代はポストモダンにさしかかっていたので、かなり意訳されたような気がします。つまり彼のテキストは、いろんな場面で異なる読まれ方をしているのです。同じテキストが読み手によってどんどん読み替えられている。そういうヨーロッパのイデオロギーの変遷と、イタリアの文明の中でのストーリーとを全部相対化しながら読んでいかないと、タイポロジーがどういうものかはわからないし、ロッシとは何者なのかもわからないということです。

今日の長谷川さんのお話を受けて、タイポロジーをどうしたらわれわれが使えるものになるのか、「実用的なタイポロジー」というものがどこにあるのかという議論ができれば、多少は役に立つ話になるのではないかと思っています。ロッシを解釈しようとすると、迷宮に入ってしまう気がするのです。

山道　僕もロッシを久しぶりに読んで、解釈の迷宮に入らないよう、どうやったら使えるものになるのかということを考えていました。長谷川さんのお話の中では「歴史を使う」という言葉が印象的でした。戦後七〇年ほど経ち、日本中が建物で覆い尽くされ、日本におけるタイポロジーの発明は終わったという感覚がある中で、既存の状態を調整し書き換えることが現代の建築家の態度のひとつなのかもしれない、と。長谷川さんは日本における時代感覚や歴史観について、どのようにお考えですか？

長谷川　歴史観としては、先ほど「ポスト」史観という話をしましたが、話題を更新して消費しつづけるだけの時代はもう終わりが見えていますよね。やはり日本が今、時代の転換期にあるからこそ、先ほどレクチャーで話したようなことを自分も考えるようになったんだと思いますが、他方で〈かたる〉建築みたいなことは、学生の頃にベースのようなものが自分の中に少しあったような気もします。学生時代に塚本由晴さんの「メイド・イン・トーキョー」や「ペット・アーキテクチャー」などのリサーチに参加して、彼らが抱いていた東京にある資源をどのように「つくること」につなげるかという問題意識から多くを学びました。

山道　長谷川さんと北山さんのお二人の建築や図面を見ていると、たしかにそこには機能やプログラムのようなものが描かれてはいるのですが、つくっている建築の抽象度は非常に高い。それぞれの態度は違いますが、アウトプットする建築の図式は、いずれもタイポロジーを意識的に表現されているような気がします。そのときの機能やプログラムとの距離のとり方についてお伺いしたいです。東京や日本で仕事をしていくときには、資本主義的な環境圧が強いと思うのですが、そこで要求されるものに対して距離をとりながら、どう建築をつくるべきでしょうか？

北山　長谷川さんの「proto-type-ology」というテーマの話が参考になるかもしれません。長谷川さんの意識としてはプロトタイプをつくりたい。ある種の普遍性を持つ発見的プロトタイプをつくりたいと思っているのだけれど、それが同時にタイポロジーになっていく。そういう重なりを持っているのではないかと思うのです。

長谷川　タイポロジーは系譜的に考えるものですが、僕が大事だと思っているのは、すでにある系譜にぶら下がるのではなくて、自分なりにその系譜のオリジンに遡ってみるということです。そのタイポロジーの系譜にいながら遡ることで、系譜図全体の意味を更新する。それができたら、プロトタイプでありタイポロジーにもなる、ということは可能だと思うのです。

北山　プロトタイプというのは、発見的なものが普遍性を持つことだと僕は思います。一方、タイポロジーというのは、歴史がつくり上げてきたものという印象がある。それゆえまったく乖離する概念ですが、長谷川さんはそれを同一のものにしようとしているように見えます。

図12: 長谷川 豪《森のピロティ》
提供＝Go Hasegawa and Associates

ただ、発見的なものが普遍性を持つというのは、全員が納得できる内容であるということだと思います。発見はたんに面白いものというだけでなく、それが説得力を持ったときにプロトタイプになる。例えば、異様な高さのピロティを持った長谷川さん設計の別荘《森のピロティ》(二〇一〇)［図12］を見たときに、あの高さによってピロティ下の空間が視線に入らず、別の空間に変形していると理解できた。そういった発見的でありながらプロトタイプにもなっているところが素晴らしいと思いました。重要なのは、それを現実に落とし込もうとするとき、人々の共感を得るものになりうるかどうかという点だと思います。

いかに文明を相対化するか

北山　自分の仕事を振り返ってみても、戸建て住宅や集合住宅など、個別解としての機能に対応する際、ある種の新しいプロトタイプの概念を呼び込まないと、容易に商品化されてしまいます。私自身、プロトタイプにどう持ち込むかをいつも考えているので、建築自体が図式化されていると批判されることもあります。ですが、図式化は機能や商品を超える可能性を持ちうる。長谷川さんの作品にも、そうした可能性が見られるのではないかと思っています。

長谷川　北山さんはバブル期に商業的な建物を多く手がけられましたよね。でもほかの商業建築家とは違って、ビルディングタイプを問わないような印象があります。最近でも渋谷の映画館《Q-AX》(二〇〇六)[図13]は、商業建築にありがちな演出的なことはまったく行なってなくて、すごくドライです。僕は北山さんの建築はタイポロジーというよりプロトタイプ的だと思っていて、それはもしかしたらバブルの頃の商業建築の仕事と格闘する中で培われた、北山さんの建築観なのかなと思っています。

北山　僕が考えているのは、建築は文明そのものを扱っていて、文明はその中に身を置く者にしかわからないものがある、ということです。われわれは外から観察して、その文明を相対化できたときに建築をつくることができる。ゆえに西洋文明を相対化するというのは大事だと思います。

モダニティという概念は西洋の文明によるものです。モダニティは絶えず過去を破壊して前進することです。だからモダンな建築が周りを無視しているように見えるのは当たり前です。そういった建築をわれわれは学んできました。ロウやロッシ、パッラーディオらを学びながら、アジアの文明の中で建築をつくる。こうした相対化ができて初めて、建築をつくることができるのではないか、と僕は思っています。

そう考えてゆくと、相撲や歌舞伎の共時的な空間というのは、円形劇場のような中心性を持った演劇空間とは違う空間です。そのようなことは、じつはタイポロジーにとってもすごく重要です。われわれの文明はどこにあ

図13：北山 恒《Q-AX》
撮影＝阿野太一

り、われわれの生活とはいったいなんなのか、それに対応する建築はどこにあるのかという問いに、商品化という大きな力が覆いかぶさってくる。こうした状況の中で、われわれはどのようにして新しいタイポロジーと、社会から共感されるプロトタイプをつくっていくことができるかが問われるでしょう。

長谷川さんも言及された「ケース・スタディ・ハウス」は、『Arts and Architecture』という雑誌が企画し、家具や設備メーカーがスポンサーになってつくられた商品です。つまり、その雑誌で発表することが大事だった。流行の車をつくるのと同じような感覚で住宅産業でも新しい商品がつくられ、モードがつくられたのです。その後、一九四〇－六〇年代につくられた商品建築がカタログや建築専門誌に載り、池辺陽さん［＊4］ら日本の建築家たちに大きな影響を与えたわけですね。「ケース・スタディ・ハウス」は商品なのでチャーミングです。だけど商品というものは、文化や文明と接続されていないので残っていかないでしょう。対して「ディングバット」はロサンゼルスの文明にぴったり合っている。あれはまさに社会に接続した建築なのです。社会から切り取られた商品としてチャーミングなものを追いかけていくと、われわれはまた迷宮に入っていくと思います。われわれの建築がどの方向に向かうのかは、つくり手側がしっかり認識していく必要があります。

今の時代に求められる建築家の役割

山道　建築が「モード」から、ロッシが言うところの「都市的創成物」になるには、時間が必要です。日本は歴史上初めてリノベーションの時代に入りました。戦後、焼け野原になった場所に建物ができ、さまざまな変遷を経て、建物を建てることが完了した後に、さて次はどうするかという時代に入った。先日、北山さんたちワークショップが設計した《渋谷BEAM》(一九九二)[図14]にお笑いを観に行ったんですね。当初は小劇場としてつくられましたが、その後にコンバージョンされて、今は吉本興業の演芸場が入っています。北山さんたちが最初に設定した「円形劇場」というタイプと、若手芸人が競い合うお笑いトーナメントというプログラムが合わさることで、建築に熱気が生まれているように感じました。

とはいえ、プロトタイプというものはやはり特殊なとこ

図14：ワークショップ《渋谷BEAM》
撮影＝齋部功一

ろがあって、普遍性あるいは社会の承認が得られたとしても、「それが複数並んで建つ」ということについては障壁があるように感じます。例えば、長谷川さんの《森のピロティ》の横に、無名の設計者が似たような形式の建築を建てることは想定していないですよね。プロトタイプを資源としてどんどん使おうとする際に、長谷川さんのクラシカルな意味での作家性が邪魔になる。例えば北山さんは、あるウェブサイト[*5]で、今の時代における建築家の役割について、これまでの職能とあえて切って考えると無限の可能性が開かれるということを仰っていましたが、そういう意味では、長谷川さんのプロジェクトの立ち上げ方には前時代的なものを感じてしまいます。

長谷川　僕は「今の時代」に近視眼的にならないで、歴史的な時間の中で建築を考えたいと思っています。ここ数年、若い建築家を中心に、仕組みや枠組みの話ばかりされている印象があります。時代の空気を読んでプロジェクトの仕組みづくりから考えること自体には可能性を感じますが、仕組みの提案で終わってしまっているケースがほとんどで、でき上がったものには正直物足りなさを感じています。やはり建築家は最後はアウトプットの建築で応えるべきだというのが僕のスタンスです。それから、社会は変わるけれど建築は残るので、社会に対して建築があまりにリアクティヴにならないようにしたいと思っていて、きっとその二つが山道さんたちと違うのかもしれません。

山道　とはいえ、今は建築家の職能が拡張していく時代、大学の教育現場でも仕組みづくりのほうに関心が向かっている時代ではないでしょうか。タイポロジーを持続させるために仕組みを変えたり、町家を使い続けるために枠組みを考え直したり、今の日本でタイポロジーあるいは「都市的創成物」をつくっていく手段は建築設計だけではいけない、という意識が広がっている実感があります。

長谷川　それはそうかもしれないですね。建築って広いし、いろいろな関わり方がありますから、もちろん僕のスタンスもいろいろな関わり方のひとつでしかない。でも学生を含めて若い人たちを見ていて最近思うのは、つくる前にいろいろ決めてしまって、こぢんまりしているということです。つくることに学びがあるのに、つくる中で初めて見えてくる社会があるのに、つくる前に、今はどういう社会でこういう問題があって、といった設定をいろいろ決めてかかっている。

北山　でも、そもそも学生というのはつくる以前の状態にあるわけですよね。

長谷川　いえ、この話は実務か大学の課題かは関係ありませんよ。むしろ学生のほうが敏感に社会の変化を感じ取るものだと思いますが、今はどこか同調圧力的に社会的な提案をしているせいか、すでにみんなが知っている社会を前提に思考するので、どうしても均質になってしまう。

北山　僕も今日ちょうどスタジオで、学生に「怖がるな」と言ったところです。その学生は、なんと言うか、しみじみと設計しようとするのです。彼らに社会を分析し尽くすようなことなんか当然できるはずがないし、「しみじみとつくることが正しい方法だと思うな」という話をしてきました。

長谷川　予定調和の結果しか生み出しませんからね。

北山　彼らは自分の持っている知識量が足りないから小さくまとまってしまうのです。知識量が多ければちゃんと切り込むことができる。たくさん知ることで自由になり、自由な意思表明、自由な作品制作ができると僕は思っています。そういう意味で言うと、長谷川さんの建築はその背景に知識量の大きさを感じさせます。知識というと誤解を生むかもしれませんが、建築という世界の大きなマップがあって、つねに今どこの話をしているかがわかることが大事です。マップを持っていて、マッピングができる人は建築がつくれます。

長谷川　正直に言うと、僕は学部三年生のときに『都市の建築』を読んだのですが、ほとんど意味がわかりませんでした。だけどわからなかった本のほうが記憶に残っていて、つまりわからないから自分なりの読み方をするわけで、そういうものって自分の中に深く残るんですよね。振り返ってみると、わかったことよりもわからなかったことのほうが自分のベースになっているような気がします。

質疑

会場　楽しい対談をありがとうございました。『都市の建築』には、基本的にはモニュメントと集合住宅しか出てきません。言い換えれば、作家がつくった住宅というものが出てこない。ロッシは『都市の建築』を出版する四年ほど前の論文で、集合住宅というものは技術によって自動的にできるので、建築家が介入すべきはモニュメントや公共建築、図書館や市役所などであるべきだと言っています。一方、長谷川さんがタイポロジーを使うときには、ある種の同質性を持った集合住宅や戸建て住宅が並んで建っている状況が必要だと思うのですが、例えば公共建築を設計するとき、長谷川さんの立場ではどのように設計を進めるのでしょうか。

長谷川　面白い投げかけをありがとうございます。集合住宅や戸建て住宅は同質性を持っているのでタイポロジーとして扱いやすいという言い方はたしかにできますが、僕は単純に、やはり住宅は日常性を伴ったビルディングタイプなので、隣の建物との関係を無視できないと思うんですよね。隣の建物との関係が直接的に日常に入り込んでくるからです。

今、展望台や公園の休憩施設など、いくつか公共的なプロジェクトを手がけています。そうした非日常的なモニュメントの場合は、隣の建物との関係も考えますが、やはり同種のほかのモニュメントとの関係が重要になります。つまりほかの展望台と比較したり、ほかの休憩施設に対して批評的であろうとする。設計の考え方や進め方は住宅と公共建築でほとんど変わりませんが、日常性・非日常性の違いから、タイポロジカルな思考の対象は微妙に変わってくるなという感じはあります。そうした違いが、実際に建築として、どのように現われるのか、自分でも今から楽しみです。

［編註］

＊1　ＣＩＡＭ……近代建築国際会議（Congrès International d'Architecture Moderne）。建築・都市における近代主義運動を提唱し、一九二八年にジークフリード・ギーディオンやル・

コルビュジエによって組織され、五九年までに一一回開催された。

＊2　ヘイドン・ホワイト……一九二八-。アメリカ・テネシー州に生まれる。歴史家・文芸批評。カリフォルニア大学サンタクルーズ校名誉教授。主な著書に『Metahistory: The Historical Imagination in Nineteenth-Century Europe』（一九七三）、『Tropics of Discourse: Essays in Cultural Criticism』（一九七八）、『The Content of the Form: Narrative Discourse and Historical Representation』（一九八七）など。

＊3　坂部恵……一九三六-二〇〇九。哲学者。東京大学名誉教授。主な著書に『仮面の解釈学』（一九七六）、『和辻哲郎』（一九八六）、『ヨーロッパ精神史入門――カロリング・ルネサンスの残光』（一九九七）など。

＊4　池辺陽……一九二〇-七九。建築家。工業化時代における建築生産をテーマとした。主な作品に《立体最小限住宅No.1》（一九五〇）、《東京大学鹿児島宇宙空間観測所》（一九六四）、《実験住宅テトラエース》（一九七一）など。主な著書に『情報と創造』（一九七五）、『デザインの鍵――人間・建築・方法』（一九七九）などがある。

＊5……TOTO出版ウェブサイト動画「北山恒自著を語る：都市のエージェントはだれなのか――近世／近代／現代　パリ／ニューヨーク／東京」

クリストファー・アレグザンダー

Christopher Alexander

パタン・ランゲージから学ぶこと

一九三六　オーストリア・ウィーンに生まれる
一九五六　ケンブリッジ大学で数学の修士号取得
一九五八　同大学で建築の学士号取得
一九六三　ハーヴァード大学で建築の博士号取得
一九六三－　カリフォルニア大学バークレー校環境デザイン学部建築学科教授
一九六四　*Notes on the Synthesis of Form*
一九六五　論文「A City is Not a Tree」を発表
（『形の合成に関するノート／都市はツリーではない』稲葉武司＋押野見邦英訳、SD選書、二〇一三）
一九六七　バークレーに環境構造センター（CES）設立
一九七七　*A Pattern Language*
（『パタン・ランゲージ』平田翰那訳、鹿島出版会、一九八四）
一九八四　《盈進学園東野高校》

Christopher Alexander◎建築家、都市計画家

イントロダクション

連 勇太郎

連 勇太朗　クリストファー・アレグザンダーはユニークな建築家で、一般的に想像するような古典的な建築家像とはだいぶ異なった活動をしている人です。一九三六年ウィーン生まれで、イギリスのケンブリッジ大学で数学を勉強したあと、アメリカのハーヴァード大学で博士号を取りました。一九六四年に『Notes on the Synthesis of Form』(邦訳=『形の合成に関するノート／都市はツリーではない』所収、稲葉武司+押野見邦英訳、SD選書、二〇一三)［図1］という本が出版されるのですが、これは彼の博士論文をまとめたものになります。日本では「形の合成に関するノート」、通称「ノート」と呼ばれたりします。「ノート」は一九六四年に出版されたことからも想像できますが、いわゆる六〇年代のモダニズム批判の一翼を担った本でもあります。CIAM的な都市計画や建築のあり方を批判したものとして、ケヴィン・リンチの『都市のイメージ』(一九六〇、邦訳［新装版］=丹下健三+富田玲子訳、岩波書店、二〇〇七)やジェイン・ジェイコブズの『アメリカ大都市の死と生』(一九七一、邦訳［新版］=山形浩生訳、鹿島出版会、二〇一〇)などと並んで、モダニズム批判の理論として受け入れられました。

「ノート」——設計プロセスの外部化

図1：『形の合成に関するノート／都市はツリーではない』

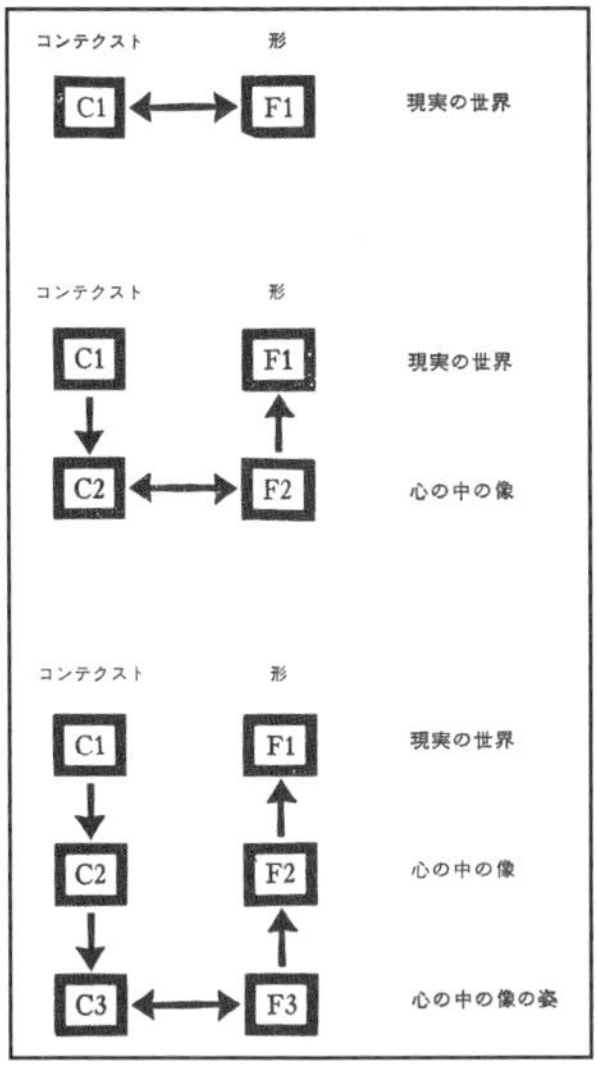

図2：デザイン方法論の三段階
引用出典＝『形の合成に関するノート／都市はツリーではない』

設計プロセスを三段階に分けたダイアグラムは、彼の建築や建築家に対する認識を端的に示した非常に重要な図です［図2］。Cは「Context」、Fは「Form」を意味しています。人工環境がどのように生み出されるのかということを、コンテクストと形の対応関係で示したのがこのダイアグラムです。C1-F1という、最初に示されているのが、原始的な環境構築の方法です。今でいうセルフビルド的なものや大工によってつくられる民家のように、ニーズから形態が直接導かれる段階のことを示しています。ここでは、建築や都市は思想や理念がなくても、そのまま経験や伝統に即して形が具現化されます。

次に、C2-F2という段階が現われます。C1-F1のように状況（コンテクスト）からそのまま形態が立ち上がるのとは違い、専門性のある建築家やプランナーが現われ、彼らを介して環境が構築されていく段階です。建築家の理念や思想を介して形態が産出されます。ニーズが直接形に結びつくのではなく、専門家としてのアイデアや発想が形態を産出する源になります。私たちが思い描く近代的な建築家がまさしくこの段階にあてはまります。そして、アレグザンダーが痛烈に批判しているのが、このC2-F2の段階です。建築家の描く理念や思い込みは間違いが多く、そのようなものに頼って設計していては、加速度的に複雑化する社会の中で最適な解を生み出すことができないではないか、というのが彼の基本的な主張です。

そして「ノート」で提案しようとしているのが一番下にあるC3-F3という段階の導入です。アレグザンダーは、数学の集合論を使ってその場の状況を構成する要素やデータをわかりやすくダイアグラムにし、そのダイアグラムを扱うことによって形態を導き出そうと試みます。C2-F2の段階ではブラックボックスだった情報をダイアグラムというものによってオープンにし、誰にでもわかりやすいかたちで扱えるようにしました。経験や理念に頼った設計から、ある種の設計の方法論を技術として再構築しようという試みだと言えます。実際、「ノート」をはじめ、この時代に設計を工学として捉え、システマティックにデザインプロセスを分析した論文や理論がたくさん生まれました。

「都市はツリーではない」——近代都市計画批判、そして自己批判

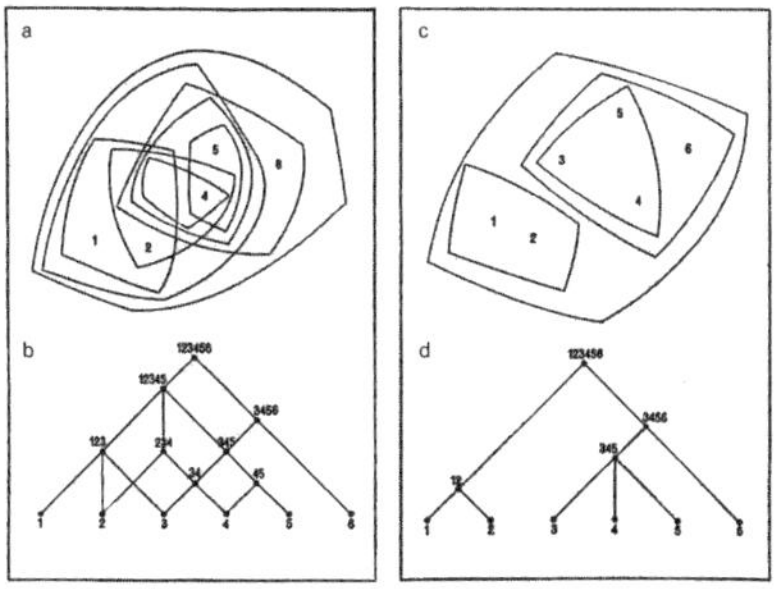

図3: セミラチス(左)とツリー(右)
引用出典＝『形の合成に関するノート／都市はツリーではない』

その後、一九六五年には「A City is Not a Tree」(邦訳＝『形の合成に関するノート／都市はツリーではない』所収)という論文が発表されます。先ほど説明したC2－F2による第二段階の方法で建築家や都市計画家がつくった「近代都市」と、自然発生的に生まれた中世都市を比較し、「ツリー」と「セミラチス」という二つの概念によってその違いを整理しました[図3]。「ツリー」は計画的につくられた近代都市が持つ構造のことです。与条件整理の段階で、複雑な都市の状況をわかりやすい単位に分割し扱っていくため、都市の構造が階層的になってし

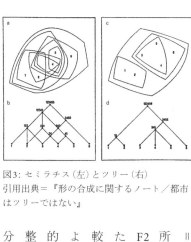

まうということを表わしています。一方、古典的で自然発生的にできた街は、さまざまな要素同士が（今の言葉で言うとネットワーク的に）綿密に関係しあっており、それを「セミラチス」と呼びました。アレグザンダーは、後者のセミラチス的な都市が豊かであるとし、さらに近代的なモダニズムの建築家の方法論ではセミラチスは生み出せないと主張するわけですが、面白いことにじつはこの主張そのものが「ノート」で発展させた方法論の自己批判にもなっているわけです。先ほど説明したように集合論によって整理したダイアグラムはどれもツリー構造になってしまいます。ここに、パタン・ランゲージが生まれる重要な起点があるのです。

パタン・ランゲージの誕生

アレグザンダーは一九六七年に環境構造センター（CES）という設計事務所を立ち上げますが、しばらくは「ノート」で開発した数学とコンピュータを使った設計手法を採用していました。しかし、六〇年代末から少しずつ「パタン・ランゲージ」という方法論にシフトしていきます。「ノート」における方法論のおさらいをすると、形態を生成するために、その前提となるコンテクストを経験や感覚ではなく、徹底的に要素分解すること（やかんをつくる場合、熱いから取っ手を分厚くつくったほうがいいとか、コストは一般の人でも購入できる金額にするとか、大きさは運べるくらいのサイズがいい、といったようにデザインするうえで考えなければいけないことを列挙していく）から分析していきます。そこから要素同士をグルーピングし、あるまとまりをつくり、ダイアグラムとしてヴィジュアライズしていくという手法です。アレグザンダーは非常に驚くべきことに、実際の設計活動もこの方法で行なっていましたが、徐々に限界を感じるようになります。なぜなら、やかんひとつデザインするのに、何が条件になるのか一つひとつ列挙しなければならないので、膨大なコストがかかってしまうからです。ましてや建築物や都市レベルの設計にこの方法を適用しようとすると、途方もない作業量が発生してしまいます。

そんな中、アレグザンダーはいくつかのプロジェクトを進めていくうちに、条件を要素分解しグルーピングしながらダイアグラムを生成していくプロセスにおいて、繰り返し現われるダイアグラムがあることに気づきます。そして、そうしたパタンをアーカイヴしていく作業がのちの『パタン・ランゲージ』（一九七七／邦訳＝平田翰那訳、鹿島出版会、一九八四）［図4］につながっていきます。書籍としてパッケージ化された「パタン・ランゲージ」は普遍性・汎用性を高めたユニヴァーサルな

図4：『パタン・ランゲージ』

図5：『時を超えた建設の道』

言語として構想され、辞書のような体裁で二五三個のパタンがまとめられています。また、同時期に出版された『時を超えた建設の道』（一九七九／邦訳＝平田翰那訳、鹿島出版会、一九九三）[図5]は理論編にあたるものです。「ノート」「都市はツリーではない」、そしてこの二冊を読むことがアレグザンダー入門としての第一ステップでしょうか。

　その後、さまざまなプロジェクトにおいてパタン・ランゲージは実践的に使われますが、日本人に関係が深く、かつアレグザンダーの代表作と言えるのが《盈進学園東野高校》（一九八四）です。パタン・ランゲージのひとつの集大成として一般的に認識されているプロジェクトです。

このプロジェクトの是非に関してはよく議論になり、今日も少し触れることになるでしょう。

最近の活動について

さて、最近のアレグザンダーですが、二〇〇〇年代になってから出版された『生命の現象――ザ・ネイチャー・オブ・オーダー　建築の美学と世界の本質』(二〇〇三―〇五／邦訳＝中埜博訳、鹿島出版会、二〇一三)という四冊セットの大著があります。一般的には、彼はだんだん「建築」という領域から離れていっているように見えるでしょう。『時を超えた建設の道』や『まちづくりの新しい理論』(一九八七／邦訳＝難波和彦監訳、鹿島出版会、一九八九)などの著作から、「無名の質」とか「生き生きとした質」といったようなフレーズが多くなり、また、否定神学的な論調が強くなります。豊かで美しい環境そのものとは何かという探求が深くなっていくのです。日本の禅の研究を始めたりと、徐々に建築畑の人間にとっては理解しにくいものになっていきます。『The Nature of Order』はよく読むと建築的なプロジェクトもいっぱいあって面白いのですが、言い回しなどは宗教的な部分もあって触れづらいかもしれません。

プランナー、デザイナー、アーキテクト

さて、教科書的な説明になりましたが、アレグザンダーの成果をいくつかの本を通して紹介しました。

このあとの議論ですが、建築家の側面を便宜的に「プランナー」「デザイナー」「アーキテクト」と三つに分けて、アレグザンダーについて議論してみてはどうかと思っています。紹介しましたように、アレグザンダーはパタン・ランゲージを生活環境や都市空間をつくるためのシステムとして構想しましたが、アレグザンダーを「建築家」と呼んだとき、彼のどの部分を評価するかについては慎重にならなければいけません。彼のつくった《盈進学園東野高校》を面白くないよねと言って批判するのは簡単なことですが、単純に作品としての評価なのか、背後にあるシステムの評価なのか、評価の対象を分けて議論する必要があると思います。また、パタン・ランゲージそのものに関しても、例えば「舞台のような階段」というような個別のパタンのことを議論しているのか、システムそのものに対する批評をしようとしているのか区別する必要があります。

さて、ここではひとまず、C－Fの図のようにコンセプトを整理し、プログラム・枠組みをつくる人を「プランナー」と呼びましょう。「デザイナー」は、あえて狭義的な捉え方をして、具体的な形やディテールを決定する人とします。そして「アーキテクト」はカタカナで表記しましたが環境構築のためのシステムをつくる人のこととします。アレグザンダーは、やかんひとつから都市全体まですべてをある種の同じ方法でつくろうとした驚異的な熱意を持った人です。今ＩＴ業界では「インフォメーション・アーキテクト」という職能もありますが、アレグザンダーは情報系の分野で建築とは違ったかたちで受容されました。今日はそのようなことも含めてアレグザンダーの可能性と課題を、彼の理論のどこが有益でどこが落とし穴なのかということを含めて議論していきたいと思っています。以上で私のイントロダクションは終わりです。ここからは難波和彦さんによるレクチャーをお願いしたいと思います。

難波和彦×北山 恒　モデレーター＝連 勇太朗

［レクチャー］

「ノート」の自己批判としての「ツリー」

難波和彦　クリストファー・アレグザンダーは一九六四年に『形の合成に関するノート』（以下「ノート」）、翌六五年に「都市はツリーではない」（以下「ツリー」）を書きました。彼は「ノート」で、ものづくりを三段階に整理しています。職人の経験と勘に基づいて制作を行なう第一段階、モダンな建築家の個人的才能によって設計・デザインを行なう第二段階、そしてすべての設計条件をリストアップし、そのネットワークから形を合成する第三段階［本書一六九頁、図2］です。この点について僕はひとつの疑問を持ちます。形はもちろん重要ですが、材料、構法、エネルギー性能といった条件はどう考えられているのか。形を決めるだけがデザインではないのではないかという点です。

アレグザンダーが「ノート」で提案しているのは、多数の要素間の関係をツリー構造に還元する数学的手法です。つまり「ノート」は複雑な設計条件をツリー構造化する方法なのです。これに対する自己批判として「ツリー」を一年後に発表し、

「ノート」の方法を否定したわけです。

「構造」は人間の内にあるのか、外界にあるか

これに対して、柄谷行人[＊1]は『隠喩としての建築』(講談社、一九八三)の中で、アレグザンダーが「ツリー」構造よりも「セミラチス」構造を重視するのは、結局は自然の複雑な秩序を人工的につくり直したいからだと指摘しています。同時に、ここには重大な問題が潜んでいます。そもそもツリーやセミラチスといった「構造」はどこに存在するのか。外部の環境にか、あるいはそれを見る人間の内部にかという問題です。「構造」という言葉を最初に使ったのは、文化人類学者のクロード・レヴィ＝ストロース[＊2]です。彼は『野生の思考』(一九六二、邦訳＝大橋保夫訳、みすず書房、一九七六)の中で「歴史」における「構造」と「出来事」の概念を提唱しました。彼の言う「構造」とは、混沌とした「出来事」を整理し、それを理解するために頭の中に存在する「認識図式」です。彼は南北アメリカ先住民の多種多様な神話(＝出来事)を収集して分析し、神話を構成する要素は千差万別であっても、要素相互をつなぐ関係には共通の「構造」が潜んでいることを発見します。そこから彼は人類に共

通する「思考の構造＝認識図式」が存在するという仮説を提唱します。このように一九六〇年代には、変化する「出来事」を変化しない「構造」によって理解する「構造主義」が大きな思想潮流になりました。それにシンクロしたのがアレグザンダーです。しかし彼の考える「構造」とは、レヴィ＝ストロースのように人間の内部にある認識図式ではなく、それを外界に投影するための空間的なパタンでした。あとで議論をすることになると思いますが、ここに「構造」は人間の内にあるのか、外界にあるのかという疑問が生じます。僕自身は、レヴィ＝ストロースが言ったように「構造」はあくまで人間の側にあり、環境に投影される「認識図式」だと考えています。

デザインにおける認識図式と環境の関係

最初のものづくりの三段階に遡って考えると、「構造」は第三段階にあります。構造とは人間が環境・外界を把握するための枠組みであり、人間の側に認識図式がなければ環境の構造も理解することはできません。認識図式は無意識的に働くので、その存在はほとんど意識されません。つまり認識図式によって捉えられた環境の構造は、環境そのものとして受け取られます。しかし認識図式が異なれば、環境の構造も異なって見えるはずです。「ツリー」が明らかにしたのは、じつは環境の認識図式の相違であり、デザインとは認識図式を環境にあてはめることなのです。つまりアレグザンダーは「ツリー」において、自身と近代建築との「認識図式」の違いを明確にしたわけです。

環境と認識図式との結びつきとは、最近の用語でいえば「アフォーダンス」[＊3]です。それは認識図式と環境の構造とがシンクロしているということです。そう考えると、セミラチスのダイアグラムを、自然言語と空間の型によって描いたものが「パタン」であり、それはアレグザンダーが提案するひとつの認識図式と言っていいでしょう。しかし彼は、パタンは自身を超えた普遍的な図式であると主張しています。たしかに彼の「パタン・ランゲージ」は非常に幅広く、正確な認識図式だと思います。その点は認めざるをえませんが、すべての人が共有できるかどうかは、また別の問題です。

パタン・ランゲージと現実との齟齬

《盈進学園東野高校》(一九八四)[図6]を例にして、パタン・ランゲージの実現プロセ

図6:《盈進学園東野高校》
撮影＝難波和彦

スが、認識図式による環境の制御のプロセスであることを検証してみます。最初に、この建物は絵や模型でなく、言葉によってデザインされました。アレグザンダーは盈進学園東野高校の生徒や先生にヒアリングし、何カ月もかけて言葉による「盈進学園のパタン・ランゲージ」をまとめました。図面や模型は訓練を受けた人でないと理解できませんが、自然言語であれば誰もが理解し共有できます。次に、アレグザンダーは関係者と連れ立って、このパタン・ランゲージに従いながら、起伏のある茶畑の敷地に旗を立てながら設計していきました。図面を描き、それを現場に落とし込むのではなく、現地で設計したのです。

このプロセスには、ひとつの大きな問題があります。それはパタン・ランゲージが現実の建物に投影される際に、構法と施工法に不連続なジャンプがある点です。それについて彼はほとんど説明していません。彼は、《盈進学園東野高校》が完成した二七年後の二〇一二年に、その実現プロセスを記録した『The Battle for the Life and Beauty of the Earth』（二〇一二、以下『Battle』）を出版しました。実際にBattleが生じたのは、パタン・ランゲージや配置計画においてではなく、構法と施工法においてでした。パタン・ランゲージを共有しても、彼が提案する構法や施工法はプレモダンで、現代の建設体制とはまったく異なるためにBattleが生じたのです。彼はそれを世界観の相違として、建設体制だけでなく社会体制の変革を主張しています。

結論として、二つの点を確認しておきます。ひとつはツリーやセミラチスという構造は、環境を捉える「認識図式」であるという点。物理的空間ではなく環境をどう捉えるかが、人間の言語、思考、制度を左右するわけです。もうひとつは、パタン・ランゲージはプランニング言語であり、構法や施工法を含んだデザイン言語ではないという点です。この二点について議論できたらと思います。

［ダイアローグ］

パタン・ランゲージは崇高さに到達できるか

連　「パタン・ランゲージ」は認識図式であるとのことですが、そこから新しい創造が生まれる可能性はあるでしょうか。新たな認識図式の獲得によって新しい身体性を獲得できるか否かで、パタン・ランゲージの捉え方は変わってくると思いますが。

難波　すみません、その問題は重要なのであとで戻りますが、その前にひとつ指摘しておきたいことがあります。「ツリー」で興味深いのは、「空間はツリーであっても、そこでの生活はセミラチスである」と言っている点です。断片的な指摘なので本人は気づいていないようですが、僕は本質を突いていると思います。ツリーな空間とセミラチスな生活は共存できることを指摘しているからです。建築家は何もない空間、要素の少ない空間を好みますが、その理由は自分の持つ認識図式によってどのようにも解釈できるからだと思うのです。例えば、同じ映画でも、観る人によって感想はまったく異なりますね。それと同じで、形がどうであろうと、生活は本質的にセミラチスなのです。この二元論をどう考えるか。これは大きな問題です。

北山 恒　《盈進学園東野高校》を見るかぎり、パタン・ランゲージを創造行為として使うことは難しいと思います。その逆に、パタン・ランゲージは文化が付随した言語なので、ある文化や生活を読み解くときには使える道具なのではないでしょうか。

難波　パタン・ランゲージには「崇高なパタン」がない点が最大の限界だと思います。彼が提唱するパタンは優しく心地良いものばかりで、「畏怖」を感じ「怖いけど良い」パタン、もっと言えば「ひどいから良い」というようなパタンはありません。しかし、人間には「気持ち悪い」パタンを欠かすことはできないと思うのです。

北山　ええ、彼の書いているパタン・ランゲージからは「生身の人間」を感じないとも言いうるような。

難波　ただし『Battle』を読むと、そのようなパタン・ランゲージを実現するために、生々しい闘争をくり返している点が興味深い。ユートピアの実現のためにはディストピアを厭わない。施工現場では、すさまじい闘いが展開されました。

連　建築計画学の方法のひとつとしてパタン・ランゲージは有効だけれど、「崇高さ」を獲得するためには、別のものが必要ということでしょうか。

難波　崇高なパタンやプランニングもありうるはずです。しかし近代の建築計画学や都市計画には、隠された倫理があります。例えば都市計画では、新宿二丁目や歌舞伎町のような地域は計画されません。しかし時間が経つと「悪場所」は自然に生まれてくる。それは先ほど言ったように、生活こそがセミラチスだからです。それが都市にとって本質的であるのなら、当然パタンに含むべきです。しかしパタン・ランゲージではそれらは排除されていて、ある種の近代的な倫理が支配している。

図7: ファベーラ
撮影＝連 勇太朗

連　なるほど。僕は先日ワークショップでリオ・デ・ジャネイロのファベーラ［＊4、図7］をいくつかまわりました。ファベーラの空間は、建築家ではとうてい実現できない質を備えた、セミラチスと言っていいかもしれませんが、自然発生的だからこそ生まれる都市空間が広がっていました。しかしアレグザンダーは独自に考えた方法論によって、そうした複雑な質を備えたものをあえてつくろうとしたと思うのです。そうした方法論をつくること自体、現代都市を考えていくうえではとても重要なテーマではないでしょうか。

パタン・ランゲージの教育的価値

北山　無意識に空間や都市を見ているときではなく、意識的に何かを見ようとしたときに現われるものが認識図式です。その認識図式を意識に引き上げることが、プランニングをするときの態度として大切です。その意味で、パタン・ランゲージは、教育的に意味があると思います。形の問題と社会の問題であれば、学生はダイアグラムとして提示することが可能です。それを無意識下でなく意識下におくことで、課題の問題文からダイアグラムをつくる作業が可能になる。それは教育の中では非常に有効な気がします。

しかし、実社会でそれをやろうと思うと、抜け落ちていくものが多い。実際の空間をつくる際には扱うパラメータが多すぎて、パタン・ランゲージというシンプルなアイデアでは、なかなか実現させることは難しいのではないでしょうか。結局、人間の行為こそがセミラチスであり、そうした関係性の構造は、空間だけではつくり出すことはできません。空間のパラメータだけではなく、ファベーラを使う人間の生活や文化のパラメータも入ってくるということです。それを完璧にデザインすることは不可能でしょう。

連　たとえ不可能だったとしても、建築家やプランナーが初期値をどのように設定するかという点については考える必要があるのではないでしょうか。建築が完成したあとにそれが良質なセミラチスを育むハードウェアか、あるいはそうではないのか、そういうところを積極的に評価していく理論が必要だと思います。時間の経過によって豊かな質や空間、崇高さを獲得していくパタンというものもあると思うのです。例えばファベーラにしても、建築家が設定した良質な初期値があれば、もっと魅力的な空間になるかもしれない。そうした認識図式の共有が可能なのだとしたら、それはパタン・ランゲージのプランニング方法として別の可能性を示唆するのではないでしょうか。

難波 《盈進学園東野高校》を設計しているときに、アレグザンダーは設計者が『パタン・ランゲージ』を持って現場に入ることを強く戒めました。辞書は全部頭に入れて使いこなせるようにならないとだめだ、と。英語だっていちいち辞書を引いているようでは文章が書けません。無意識に使えるようになれば、自然に喋れるし、詩も書ける。パタン・ランゲージとはそういうものです。無意識だけど、現実に適応する自覚的な認識図式。それをみんなで共有していけば、ボトムアップ的な道具になると思います。要するに無意識と意識を行ったり来たりすることが大切だということです。

北山 認識図式は、空間を組み立てる人間のモノの見方を表わします。『パタン・ランゲージ』が出版されたとき、あの分厚い本を最初から最後まで暗記しようとしている人がいましたが、僕は、それはないだろうと思いました。パタンは、アレグザンダーのアイデアの集合でしかないのです。

また「ツリー」についても、認識の仕方としてツリーとセミラチスがあり、われわれの生活はセミラチスではないか、と言える言語を持ったことが大事なのです。

ある認識図式を持つと、新しい視座でリアルな社会を見据えることができる。モノをつくる人間は、意識下に空間や都市を持たなければならないのです。

レム・コールハースのダイアグラム

連 アレグザンダーはモダニズムを批判し、それを乗り越えるためにパタン・ランゲージという理論体系・方法論をつくりました。仮にパタン・ランゲージを学生時代から習熟して、無意識に使いこなせるような専門家が増えたとしたら、その集団はいわゆるモダニストたちのつくる都市・建築とどのように違う社会を実現することができるのでしょうか。

北山 そうですね、僕はレム・コールハース［本書二〇〇頁］がつくる建築は批判的ダイアグラムだと思うのです。革新的なダイアグラムを発明して社会に適用すると、ある共感を呼びます。共感可能なダイアグラムをいかに発見できるかという問題は非常に大事です。そういう意味でコールハースはダントツです。無意識でつくられた建築はただの形遊びに見えて共感されませんが、意識化された建築は社会において共感可能なダイアグラムを提示することがある。そう考えると、パタン・ランゲージは新しい時代のための意識的なダイアグラムを発見する方法として意味があるのではないでしょうか。社会に向けた建築をつくるときには、そうした手続きが必要です。

難波　コールハースとアレグザンダーを比べると、コールハースのほうが一回り大きいと思います。提案するシステムの汎用性が高いという意味です。『錯乱のニューヨーク』や『S,M,L,XL+』を読めばわかりますが、コールハースはプログラムにエンジニアリングを入れています。彼のダイアグラムは、社会的なバックグラウンドを調べたうえで導き出されているので、リアルで、ある意味ニヒルなダイアグラムです。さらにほかの建築家と決定的に違うのは、シュルレアリスム[＊5]の方法を射程に入れている点です。彼が提唱する「偏執症的批判方法」は、崇高さにも通じています。彼に比べると、アレグザンダーはハッピーすぎる(笑)。

北山　アレグザンダーのパタン・ランゲージは建築領域でのランゲージですが、対してコールハースは、社会的階層も所属も異なる広い領域を含んだランゲージをつくっているように思います。しかもそれは、この時代のこの社会で使えるランゲージであり、普遍的なランゲージがあるなんてコールハース自身まるで考えていない。ダイアグラム化していく意欲と、それを社会の中で共有していく意欲を持っているところからは多くを学べると思います。その前段階として、学生がパタン・ランゲージを勉強することは教育的に意味があると思いますが。

連　少し乱暴な言い方になってしまいますが、アレグザンダーの「ノート」時代のダイアグラム生成手法は、美的恣意性や理念を排除してデータから建築をそのまま立ち上げようとするコールハースの態度と似ている部分がある気がします。作家個人のキャラクターの問題かもしれませんが、なぜアレグザンダーの方法論には、シュルレアリスム的要素が入らなかったのでしょうか。先ほどの難波さんからの問題提起である「崇高さ」にも通じる話かと思います。コールハースとの類似性や違いについてお聞きしたいです。

北山　要するにリアルなものを超えていく概念がコールハースにはあるということです。アレグザンダーはシュルレアリストどころか徹底したリアリストなので、現実の中でモノを見てしまい、それを超えるものを創造できない。もうひとつ、「ノート」を読んでいると、システムは見えてくるのだけど、そこにはテクスチャーがない。生々しい人間の生活が入っていない。リアルな実社会を超えていくコールハースの概念の強みというのは、テクスチャー操作ができることだと思うのです。それがアレグザンダーにはないような気がします。

難波　映画『帝都物語』(一九八八)の中で、加藤保憲(帝都東京破壊を目論む軍人、魔人）の乗った船が《盈進学園東野高校》の体育館の脇から出てきて教室の前の池を進んでいくシーンがありますが、あれはシュールですね（笑）。

北山　時代性もあると思います。最終的にパタン・ランゲージができ上がったのは一九七八年で、ポストモダンに入る頃です。だからどうしてもノスタルジーのフィルターがかかってしまう。《盈進学園東野高校》も、最初はもっと構造的なものだったはずです。だけどそこにポストモダンが付着したために、構造が見えなくなっていったのではないか。ポストモダンという表層を外していくと、もしかしたら全然違う《盈進学園東野高校》が見えてくるかもしれない。

難波　プランは素晴らしいけれど、それを建設する構法や施工法に、共有しがたいジャンプがあるというのが僕の結論です。

北山　そのジャンプはポストモダンという時代が与えてしまったものではないでしょうか。

アーキテクトの生成力

連　アーキテクトはこれまで、クライアントから仕事をもらって建築をつくってきました。現代社会で建築を実現していくときに、アレグザンダーの言う「生成力」は重要な概念だと思います。初期のアレグザンダーは、フォームがいかに形態として「統合」されるかということに着眼点がありましたが、キャリアの後半から「生成力」という言葉を使うようになります。これは建物を実現する際の社会的な制度、例えば施工組織や法規などの社会的コンテクストを含んだ、建築が生み出されるシステムの強度を表わす言葉です。純粋に形態がどのように統合されるのかではなく、社会の中でどのように形態が生成されるのかということに着眼点が移っていきます。私にとってアレグザンダーがそういう言葉を使っていることはすごく興味深い。《盈進学園東野高校》において制度的なぶつかり合いが生じたのも、アレグザンダーが建築をつくる枠組み、つくり方そのものから改革しようとしたからでもあります。コールハースもＡＭＯ[＊6]のような組織をつくり、今まで建築家がオミットしてきた資本主義や政治の渦中で建築をつくっていくことにいかに能動的になれるかということに挑戦しています。それは、建築家が建築をつくっていくうえで「生成力」を上げるためのアプローチと言えます。そこを含めて評価する必要があるのではないでしょうか。

北山　ええ、コールハースがコマーシャリズムに入っていくときは、ブランドビジネスのイカサマ性のようなものを理解したうえで、すごく政治的に、そしてすさまじい腕力で形にしていきますよね。そこは資本主義社会の中で使われているだけの建築家とは違う点だと思います。

連 難波さんが継続していらっしゃる「箱の家」シリーズ［図8］も、まさしく建築の生成力を上げるための仕組みだと思います。単純に個人住宅を一つひとつ個別な特殊解として生産するのではない。ひとりの建築家としてはかなりの数を設計されているわけですよね。そのように、建築が社会の中で生み出されるためにいかに建築家が自分の生成力を上げるかという意味で、「箱の家」シリーズは非常に重要な試みだと思います。「箱の家」という枠組みそのものが、アレグザンダーと呼応するところがあるように思うのです。

難波 かつて、アレグザンダーに「箱の家」を見せたこともあります。「これはパタン・ランゲージではない」と否定されました(笑)。「箱の家」では、すべて工業

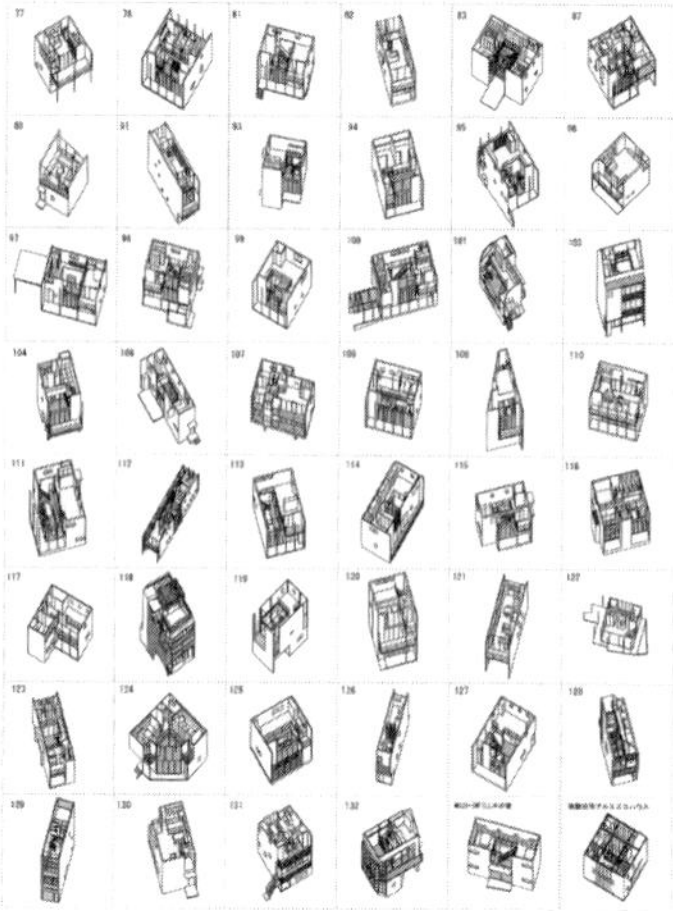

図8:「箱の家」シリーズ
引用出典＝難波和彦『建築の四層構造——サステイナブル・デザインをめぐる思考』(LIXIL出版、2009)

製品を使っています。左官仕上げや土をあえて避けているから、構法や施工法においてはパタン・ランゲージから完全に外れている。現代社会には多様な問題があるけれど、それを一旦引き受けたうえで、そこで生産される材料をどう使っていけるかというのが僕の方法です。

北山　難波さんがアレグザンダーから学んだことは、パタン・ランゲージそのものというよりは、おそらくサイエンスとしての建築というものではないかと思います。「ノート」を読むと、アレグザンダーは、建築がサイエンスとしてつくられていくことを目指したように読めます。そこは共感できるところですが、パタン・ランゲージを使うことによって意味が付着してきたときに、逆に普遍性を失っていくような印象があることもまた事実だと思います。

☞質疑

松川昌平　アレグザンダー個人に属する手法としてのパタン・ランゲージと、検証・再利用可能なサイエンスとしてのパタン・ランゲージをあらかじめ分けて考える必要があるということですね。難波さんと北山さんは、サイエンスとしてのパタン・ランゲージ、もしくはサイエンスとしての建築を、どのように建築の教育現場で活かしているのでしょうか。

難波　逆に質問ですが、サイエンスとしてのパタン・ランゲージとそうでないものをどう分けるのですか？

松川　アレグザンダーがパタン・ランゲージをつくったからといって、彼が一番うまくそれを使えるとは限らないと思うのです。再利用可能・検証可能で客観的な手法として、ほかの人がパタン・ランゲージを拡張していくことはできないでしょうか。そのように開かれることで、パタン・ランゲージはより「科学的」になっていったのではないか。

難波　アレグザンダーは「A Pattern Language」と言っているけれど、それに対する一般的な手法として「Several Pattern Languages」があるということですね。アレグザンダーの建築思想の背景にはノーム・チョムスキーの「生成文法論」があることはよく知られていますが、チョムスキーは言語の基底に「普遍文法」が存在し、それに基づいてさまざまな言語が生み出されると言っています。つまりパタン・ランゲージにも地域ごとのヴァリエーションがあるということです。

北山　僕はパタン・ランゲージを、建築をつくるときの、空間を客体化するための方法論として見ています。例えばパタン・ランゲージというアイデアが、学生が自らを主体とし、自我の表現として空間をつくるのをセーブする。空間をつくることを意識化する道具になると思っています。

サイエンスとしての方法論を持っている建築家と持たない建築家は見分けがつきます。サイエンスとして建築をつくろうとしている人は、社会からの共感を得ようとしていると感じます。一方でポエジー（詩性）に頼る作家としての建築家がいます。ポエジーとは「個の認識図式」と「現実の環境構造」のズレの中に生まれるものですが、この差異のつくり方は個人に閉じた意識に属するものなので伝達不可能です。ポエジーは教育できるものではなく、社会化されるものでもありません。

難波　よく建築の先生は「良い建築を見ろ」と言いますね。このとき大事なのは〈現実の世界（1）〉の「コンテクスト（C1）」を見ることだと思われているけれど、じつはそうではなく、〈心の中の像（2）〉でつくられているC2を、〈心の中の像の姿〉、言い換えれば「集合」でC3として見ろ、つまり構造を見ろということが言われているのです。教育とはそのためのトレーニングをすることだと僕は思います。それが、北山さんの言われた「意識化」なのです。認識図式は現実そのものを見るためのものではなく、体感してその構造をもう一度捉え直すためのものなのです。

北山　そうですね。たぶん学生はC1で見ているのです。僕たちプロはC3たる構造を見ている。学生はまだ構造を見る目を持たないから、そういう目を持ちなさいという意味で言っているのです。また翻ってC1でしか見えない学生たちに構造性を教えていくことが、教員のトレーニングにもなると思うのです。

松川　今日の話でテーマになっているのは、C1に留まらずにC3の段階に行けという話であるよりはむしろ、認識図式であるC3において、個人のポエジーにとどまる認識図式と、共感可能な普遍的な認識図式があるということだった気がします。その差は結局、直接的には誰にも教えられないし、科学的にも検証できないことが根本的な問題なのかなと思います。

北山　トレーニングはできるんですよ。そのトレーニングが教育メソッドだと僕は考えます。それを持たない教員が教えるとC1もC3もなくなってしまう。そのメソッドを持って学生をトレーニングしていくこと。建築のトレーニングの本質は、じつはそこにあるのだと思っています。

［編註］

＊1　柄谷行人……一九四一－。哲学者、思想家。主な著書に『日本近代文学の起源』（一九八八）、『意味という病』（一九八九）、『世界史の構造』（二〇一〇）など。

＊2　クロード・レヴィ＝ストロース：一九〇八－二〇〇九。フランスの社会人類学者。構造主義の祖のひとりとされ、多くの哲学者に影響を与えた。主な著書に『悲しき熱帯』（一九五五）、『野生の思考』（一九六二）など。

＊3　アフォーダンス……ものや環境が動物の行為に対して与える影響のこと。知覚心理学者ジェームズ・J・ギブソンによって提唱された。

＊4　ファベーラ……ブラジルのスラムや貧民街。

＊5　シュルレアリスム……詩人アンドレ・ブルトンが提唱した概念で、人間の無意識を扱うことを目指した。一九二〇年代の美術に大きな影響を与えた。主な美術家にサルヴァドール・ダリやルネ・マグリットがいる。

＊6　AMO……レム・コールハース率いるシンクタンク。二〇〇〇年設立。都市やブランドのリサーチやアイデンティティ戦略を行なう。EUのアイデンティティ戦略、PRADAやIKEAとの協働プロジェクトなども手がける。

レム・コールハース

Rem Koolhaas

ダッチモダンから考える

一九四四　オランダ・ロッテルダムに生まれる

一九七五　ロンドンAAスクール卒業
エリア&ゾーイ・ゼンゲリス、マデロン・フリーゼンドープとともに
OMA（Office for Metropolitan Architecture）設立

一九七八　*Delirious New York*
（[文庫版]『錯乱のニューヨーク』鈴木圭介訳、ちくま学芸文庫、一九九九）

一九九五　*S,M,L,XL*
（[抄訳]『S,M,L,XL+――現代都市をめぐるエッセイ』
太田佳代子+渡辺佐智江訳、ちくま学芸文庫、二〇一五）

二〇〇〇　AMO設立

二〇一二　《中国中央電視台（CCTV）》

二〇一四　「第一四回ヴェネツィア・ビエンナーレ国際建築展」総合コミッショナーを務める

岩元真明

岩元真明　最近、ロベルト・ガルジャーニというスイスの建築史家が書いた『レム・コールハース―OMA――驚異の構築』(鹿島出版会、二〇一五)という本を難波和彦さんと共同で訳しました。この本ではコールハースの軌跡が一〇年ごとに分けて語られています。一九六八-七八年の一〇年間はAAスクール入学から『錯乱のニューヨーク』(一九七八/邦訳[文庫版]=鈴木圭介訳、ちくま学芸文庫、一九九九)[図1]執筆に至るいわば修養の時代。一九七九-八八年は当時隆盛を誇っていたポストモダニズムと対決した時代で、以後の創作の準備期間と言えます。一九八九-九八年は数々のコンペで問題作を発表し、大著『S,M,L,XL』[図2](一九九五/邦訳[抄訳]=『S,M,L,XL+――現代都市をめぐるエッセイ』太田佳代子+渡辺佐智江訳、ちくま学芸文庫、二〇一五)を刊行した制作時代です。そして、続く一九九九-二〇〇八年の一〇年間は多くの実作が建設された実現時代と言えます。まずは、この区切りに従ってコールハース/OMAの仕事を駆け足で紹介したいと思います。

修養時代(一九六八-七八)
――コールハースに影響を与えた人々

最初はコールハースがＡＡスクールに入学した一九六八年からの一〇年間についてお話しします。この期間にコールハースは学生として、あるいは若い建築家として、多くの先駆者から影響を受けました。シュルレアリストのサルヴァドール・ダリからは『錯乱のニューヨーク』のキーワードである「偏執症的批判方法」を学んでいます。これは、ある仮説を立て、その仮説を実証するために小さな論拠をかき集める、あるいは捏造するという方法です。最初の仮説はたんなる妄想の場合もある。この方法論は『錯乱のニューヨーク』を筆頭に、コールハースの創作でつねに用いられています。

ロバート・ヴェンチューリからは「ポシェ」という描画法を用いた都市解釈を学びました。都市の公共空間を白く、それ以外の空間を黒く塗る手法です。この描画法における公共的部分と私的部分の二項対立は、コールハースの理論・実践に大きな影響を与えています。

また、Ｏ・Ｍ・ウンガース［＊1］というドイツの建築家からの影響も見逃せません。コールハースはコーネル大学留

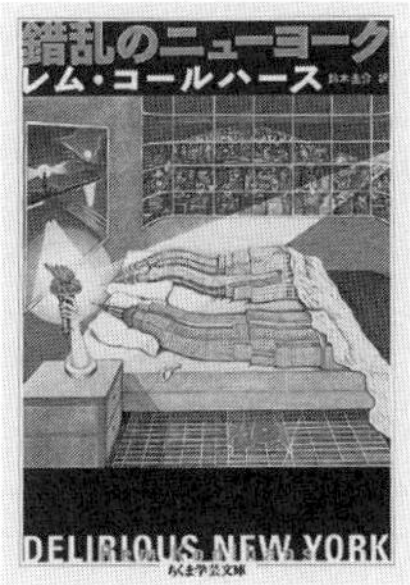

図1:『錯乱のニューヨーク』

図2:『S,M,L,XL』

学中にウンガースのスタジオに参加し、実務でも協働しています。このように指導者であり協働者でもあったウンガースからは「都市群島（シティ・アーキペラゴ）」という概念を学びました。ウンガースはベルリンの戦後復興案として、開発する部分と、あえて開発しない部分を共存させ、後者を島状に残す提案を行ないました。これは、開発と保存を両立する方法です。この考えは、後にコールハースが「ヴォイドの戦略」と名づける設計手法につながります。

そのほかにも、コールハースはカウンターカルチャー全盛の時代に建築を学びましたので、スーパースタジオやアーキグラムといった前衛建築家からも影響を受けています。ソ連（現ロシア）への旅行をきっかけに、イワン・レオニドフやカジミール・マレーヴィチなどのロシア構築主義の建築家にも感化され、さらにはオランダ構造主義やシチュアシオニストなどの影響も幅広く受けながら、それらを結びつけて自らの建築観を鍛えていきます。

「壁」「卵」「摩天楼」「グリッド」「プール」などの個人的なライトモチーフも、一〇年間の修養時代に見出されました。

このように、多くの先駆者からの影響と個人的に見出したモチーフ・理論を組み合わせて、コールハースは《エクソダス》（一九七二）と名づけられた卒業設計や

『錯乱のニューヨーク』の補遺として発表された初期作品群を制作しました。ただし、最初の一〇年間のプロジェクトはすべてアンビルトで、竣工したものはひとつもありません。

助走時代(一九七九-八八)
――ポストモダニズムとの対決

一九七九-八八年は、ポストモダニズムという建築思潮が隆盛を誇った時代でした。コールハースはそれに対し異議申し立てを行なっています。ポストモダニズムには西洋古典建築の要素を引用したり、歴史的都市の空間構成を応用したりと、近代以前の歴史を折衷する側面が強いのですが、コールハースは「われらの新即物主義」というテキストを執筆し、復古主義を排して近代の連続性を模索するという姿勢を打ち立てました。当時彼が設計していた建築は、意図的な操作の結果なのですが、非常に凡庸な外観を示しています。《ビザンチヌム》(一九九一)という複合施設や、《デ・ブリンク》(一九八八)と名づけられた集合住宅はその好例でしょう。言うなれば、インターナショナル・スタイルをポストモダン的に引用したような建築で、その後のOMA作品と比べると、意外なほどに平凡な建築に見えます。この一〇年間の助走時代に、コールハースは近代化という流れに真正面から向き合い、もがいていたのではないかと思います。最初の一〇年間の修養と、次の一〇年間のストラグルがうまく噛み合い、一九八九年からの一〇年間には建築界を揺るがす問題作が次々と生まれます。

制作時代（一九八九 - 九八）
――コンペ意欲作と『S, M, L, X L』

一九八九年以降、コールハースはヨーロッパにおける数々のコンペに取り組み、問題作を相次いで発表します。この時期のコンペ提出作品には共通点があります。均質な床スラヴを積層してつくられた巨大建築の内部に、いかにして新しい自由を生み出すか、という問題意識を共有しているのです。そのひとつである「カールスルーエ・アート・アンド・メディアセンター・コンペ案」（一九八九）では、構造家のセシル・バルモンドと協働してフィーレンディール梁を応用した案がつくられました。フィーレンディール梁とは上下の水平材を鉛直材で小刻みにつないだトラスのような構造体で、橋梁などに見られるものです。これを建築に応用すると、柱が一本もない自由なフロアと柱がたくさん立つ不自由なフロアが交互に積層されます。

自由な空間と不自由な空間を両立させる提案です。

次に制作された「フランス国立図書館のコンペ案」(一九八九)では、「ヴォイドの戦略」という設計手法が提案されました。均質に積層されたスラヴ群からヴォイド、すなわち自由な形をくり抜く方法です。均質な床スラヴは書庫に、くり抜かれた自由な形態は閲覧室になります。ここには、「ポシェ」のような図と地の関係が見られます。

図3:OMA「ジュシュー大学図書館のコンペ案」
撮影=Hans Werlemann

「ジュシュー大学図書館のコンペ案」(一九九二)[図3]では、積層された床スラヴを切り欠いたり、折り曲げたりすることによって、折り紙のように立体的に連続する動線空間がつくられています。これをコールハースは「室内の大通り」、あるいは「トラジェクトリー(軌道)」と呼んでいます。

これら三つのコンペ案では、「均質な床スラヴの積層」という制限を超えて、いかに新しい自由を獲得できるかが模索されたわけですが、その理論的背景は当時出版された『S,M,L,XL』という分厚い本に書かれています。その中でも特に重要な「ビッグネス」と「ジェネリック・シティ」という二つのエッセイは、近年、『S,M,L,XL＋』に所収され、日本語でも読むことができるようになりました。

前者の「ビッグネス」は巨大建築の特質を描き出す文章で、五つのテーゼから成っています。ひとつめは、建物が巨大化すると臨界量を超え、従来の建築的操作では制御できなくなるということ。二つめは、エレベーターなどの機械的手段によって古典的な建築手法が無効化するということ。三つめは、コアとエンヴェロープ、つまり中身と覆いの距離が広がると、建築内部を外観によって表現するという古典的な倫理観が崩壊するというテーゼです。建物が大きくなると外部環境から遠く離れた内部空間が生まれ、空調や人工照明を使う必要が生じ、結果的にファサードは内部のアクティヴィティを表現できなくなるのです。この考えは『錯乱のニューヨーク』で語られた「建築的ロボトミー」[＊2]と関連しています。四つめは、テーゼというより主張のようなものですが、巨大化した建物は善悪を超えた非道徳の領域へと突入するという指摘です。そして、五つめは、巨大建築はいかなる都市組織の一部でもないというテーゼです。これは決定的な主張と言えます。なぜなら、巨大建築は都市と拮抗する存在だと宣言していることになるからです。

「ジェネリック・シティ」というエッセイは、「ビッグネス」の議論を都市に拡張したものと言えます。コールハースはバブル絶頂期の東京や、あるいはシンガポールなどのアジアの都市を観察することを通じて、中心と周辺という明瞭な関係を持たない都市を発見し、ジェネリック・シティと名づけました。「ジェネリック」は無印、ノーブランドという意味です。ジェネリック医薬品という言葉もありますね。

コールハースが考えるに、このジェネリック・シティは歴史を持たない。より正確に言えば、歴史はあるのだけれど広がりに対して小さすぎる。これは、コアとエンヴェロープの距離が広がり、内部が外部を表現できなくなるという「ビッグネス」の主張に似ています。コールハースは、ジェネリック・シティでは「近代都市計画は成り立たない」と断言しますが、これもビッグネスの第一のテーゼに似ています。

先ほど挙げた三つのコンペ案は、「ビッグネス」に対するコールハースなりの回答と捉えることができるでしょう。さらに、「ジェネリック・シティ」への回答として、コールハースは「ハイパービルディング」(一九九六)という巨大建築をバンコクで提案しました。華奢な構造体を組み合わせて、摩天楼よりも巨大な構築物をつくるというアイデアです。コールハースはこのコンセプトを「複合的安定性」と呼んでいます。断面図には地下鉄の路線図のようなダイアグラムが重ね合わされ、全体はまさに都市計画のように設計されました。なお、三つのコンペ案もこの「ハイパービルディング」も大いに注目を集めましたが、実現しませんでした。

実現時代（一九九九 - 二〇〇八）
――アイデアの実現と過熱する都市研究

一九九九年から二〇〇八年の一〇年間には、これまでに述べたさまざまなコンセプトやアイデアが次々と実現を果たしました。その一例がベルリンの《オランダ大使館》（二〇〇三）です。この建築は均質に積層されたスラヴからヴォイドをえぐり取る「ヴォイドの戦略」の応用で、ヴォイドは地上から屋上までをつなぐ立体的な通路「トラジェクトリー」にもなっています。

一方、《カサ・ダ・ムジカ》（二〇〇五）というコンサートホールでは、不定形な多面体のソリッドから直方体のヴォイドをくり抜いています。ヴォイドは音響の質が良いシューボックス型のホールになり、都市に対して開かれるというコンセプトです。

この時期にコールハースはハーヴァード大学の教員になり、学生を従えて都市研究にも精力的に取り組んでいます。そして、『Mutations』（二〇〇一）や『Project on the City』（二〇〇一）など、数年のあいだに分厚い本を次々と出版しています。コールハースが注目する都市は、摩天楼建設時代のニューヨーク、戦後復興期のベルリン、バブル経済絶頂の東京、グローバル開発が進むラゴス、リーマンショック以前の中国都市、オイル景気に沸く中東の湾岸都市というように、つねに経済的にも開発的にも盛り上がっている場所です。彼は、そのような場所をモダニゼーションの最前線だと捉えているのだと思います。

近年のコールハース（二〇〇九－）
——近代建築史研究

二〇〇九年から現在に至るまでの数年間には、「ビッグネス」の理論や「複合的安定性」のアイデアを実装した巨大建築が実現しました。《中国中央電視台（CCTV）》（二〇一二）［図4］や《デ・ロッテルダム》（二〇一三）といった超高層ビルがその代表例です。

図4:《中国中央電視台（CCTV）》
撮影＝市川紘司

一方、新しい傾向としては、都市研究に代わって歴史研究が本格的に始まりました。コールハースが総合ディレクターとなった二〇一四年の「第一四回ヴェネツィア・ビエンナーレ国際建築展」は「ファンダメンタルズ」というテーマで開催されました。「ファンダメンタルズ」とは、基礎や根源などを意味する言葉で、建築の原点に立ち戻るという企画です。ビエンナーレの各国参加者には、一九一四年から二〇一四年までの一〇〇年間を振り返り、自国の近代をリサーチとして提示せよ、というお題を出しました。ポストモダンと対決していた頃と同じく、「近代の連続性」というコールハースの歴史観が強く表われているのではないかと思います。『S,M,L,XL+』に収録された「クロノカオス」というテキストや、二〇一二年のヴェネツィア・ビエンナーレにおける「公共事業——公務員による建築」展、あるいは日本のメタボリズムに関する研究書『プロジェクト・ジャパン』(二〇一一/邦訳＝太田佳代子ほか訳、平凡社、二〇一二)も、コールハースによる近代建築史研究と捉えることができます。

動的な境界、ダッチモダン、田園《カントリーサイド》

今回、石田壽一さん、小嶋一浩さんと事前に話し合い、「動的な境界」というキーワードが浮かび上がりました。「建築的ロボトミー」や「ヴォイドの戦略」などのコールハースの理論は、物事の境界を扱っていると言えます。しかし、それらは静的に分ける境界ではなく、動的につなげる境界なのではないか、というのが石田さんの問題提起です。石田さんが提示したもうひとつのキーワードは「ダッチモダン」、つまりオランダの近代建築運動の文脈にコールハースを位置づける、ということです。コールハースというと、世界中を飛び回る建築家というイメージが強い。これは一面では正しいのですが、それでも彼はオランダ人ですので、オランダの考え方、ダッチモダンの考え方に強く影響を受けている、というのが石田さんの仮説です。ダッチモダンの根っこの部分にはCIAM的な「空間・時間」ではなく、むしろチームX的な「状況・出来事」があると。この点については、次の石田さんのレクチャーで深めていただきます。

最終的には、「動的な境界」から話を広げて、プログラムや機能、あるいはさまざまな二項対立が溶融する状況について考えたいと思います。コールハースの理論の多くはきわめて二項対立的です。都市と建築、自然と人工、ヴォイドとソリッド、資本主義と社会主義、あるいは大都市と田園といった二項対立。これらがコールハースの理論の中で解消されるのか、あるいは彼の理論の二項対立という枠組みに限界があるのか、議論できればと思います。個人的には最後に挙げた「大都市と田園」の対立に関心があります。東日本大震災によって、東京という大都市も他の土地と密接に結びつき、依存していたという当たり前の事実に気づかされました。そして、これまでのように「大都市の美学」を賛美することが正しいのか、と疑問を感じるようになりました。そのようなことを考えていたら、最近コールハースが「田園《カントリーサイド》」に注目すると言い始めたと知って驚きました。ＯＭＡは「Office for Metropolitan Architecture」のイニシャル、つまり「大都市的建築のためのオフィス」ですから、「田園」への注目は一見すると自己矛盾的です。その先に何か新しい展開があるのか、みなさんと議論できればと思います。

石田壽一×小嶋一浩　モデレーター＝岩元真明

［レクチャー］

動的な境界

石田壽一　レム・コールハースの建築を語るうえでは「境界」という概念が欠かせませんが、私はそれを静的な分断のためではなく、動的につなげるためのものと考えています。今日は「動的な境界」をキーワードに、グローバルなイメージの強いコールハースが、ダッチモダンやオランダ構造主義とオランダの風土からいかに影響を受けているかを読み解いていきたいと思います。

みなさんご存知かと思われますが、オランダはもともとライン川河口の沼地であったところを人工的に定住地としています。地耐力がゼロに近い特殊な土地で建築を建てるためには、非常にプラグマティックな技術が要求されてきました。

今回お話しするキーマンを挙げていくと、アムステルダムやロッテルダムで大きな都市計画を担った建築家コーネリアス・ファン・エーステレン［＊3］、デルフト工科大学出身の女性建築家第一号でエーステレンのもとでアムステルダムの公共事業を行なっていたヤコバ・ムルダー［＊4］、そしてアルド・ファン・アイク［＊5］とコンスタント・ニューヴェンハイス[＊6]、タイポグラフィやインフォグラフィクスなど都市を記述するための新しい二次元的空間表現を試み、オーストリアの哲学者でもあったグラフィックデザイナー、オットー・ノイラート[＊7]らがいます。とりわけファン・エーステレンはきわめて重要な人物で、コールハースも彼について語っているのですが、日本ではあまり知られていません。

機能主義批判

「境界」というキーワードは、ファン・アイクらによって一九五三年に結成されたチームXが機能主義都市に対するアンチテーゼとして挙げた概念とつながっています。彼らは「threshold（閾）」や「in between space（間の空間）」といった概念を提示し、機能主義者が重要視したユニヴァーサルスペースや還元的な機能主義ではなく、後にコンスタントらも注目した「状況」という考え方が生きた都市のために必要なのだと主張しました。例えば、車道のちょっとした隙間がランチや交流の場になる状況がありますね。コールハースは「建築的ロボトミー」という言葉で「容器と内容の断絶」を語っていますが、車道上での交流も本来の用途ではないので「容器と内容の断絶」の一例と言えます。ただし、チームXの建築家がこれを偶発的な断絶の事例として取り上げたのに対し、コールハースは意図して断絶が起きるような状況をつくっていきます。

そして戦後、ファン・アイクはファン・エーステレンやムルダーとともに、アムステルダムの中に「子どもの遊び場」をつくります。これは戦後のベビーブームによる遊び場不足の解決策でもあり、放っておくとスラムになりかねない場所を子どもが安心して遊べる場所へと変えるクリアランスでもありました。彼はヨハン・ホイジンガという哲学者による「ホモ・ルーデンス」[＊8]という概念を借りて、子どものイマジネーションが都市の再生に重要であると主張しました。これも機能主義都市に対しての批判です。コールハースは、ファン・アイクの孤児院を範とする構造主義の分割手法が、構成の一手段から目的化して、住宅も百貨店もコンサートホールもみんな同じに見える知性のない建築を導く源泉になったと強く批判していますが[＊9]、私は、小さくても異質な環境を挿入して境界・閾を動かしていく、非常に面白いストラテジーだと思っています。

一九三〇年代初頭にCIAMのリーダーになったファン・エーステレンが注目したのが、当時ウィーン・メソッドという展示手法の一環で独自のインフォグラフィ

図5:「ハーグ市のマスタープラン」
引用出典＝*Architectural Record 82*, July 1937, F. W. Dodge Corporation

クス「アイソタイプ」を開発していたオットー・ノイラートでした。ファン・エーステレンは、一九三一年の「アムステルダム拡張計画」を作成した同じ年にベルリンで開催された建築展でノイラートの記号表現に遭遇し、衝撃を受けます。その後、ギーディオンを介してノイラートに第四回CIAM会議のテーマであった、「都市計画のための完全な記号言語」の作成についてアドバイスを求めました。これを受けてノイラートはアテネ憲章草案の際に、エーステレンの都市図の表記について分析的なレクチャーを行ない、ウィーン・メソッドの有効性を建築界に表明しました。エーステレンは都市マスタープランをたんなるスタティックな土地利用図ではなく、経済学者でもあるノイラート同様、生産や交通などの変化する社会的要因をいかに二次元的なマップに可視化するかについて試行していたので期待が大きかったのですが、レクチャー内容はエーステレンの思惑とズレがあり、やや空振りの感がありました。

その後、ノイラートがウィーンを離れハーグに研究所を設立するなど、オランダ近代建築の文脈やＣＩＡＭの活動にとって重要な動きがありました。エーステレンの求めた答えは一九三七年に『Architectural Record』誌に発表された「建築主題の可視化手法について」と題された小論に掲載されたハーグの都市マスタープランのインフォグラフィクス表現に集約されています。このマスタープランでは、二色の塗り分けとシンプルなアイコンを用いることで、土地利用の方法が明快に示されています[図5]。

オランダ的プラグマティズム

オランダは国土の約四分の一が海抜〇m以下にあります。ここに一二〇〇年代から「ポルダー」と言われる干拓地をつくり、洪水が起きないようなインフラシステムを整えてきました。オランダの干拓面積は神奈川県の約四倍ですが、その国土全体が人間によって構造化されていることのすごさを、初めてオランダを訪れたときからずっと感じています。

ポルダーには排水路が走っていて、これが都市の基本的な分割ラインを形成しています。ですから一見すると自然物のように見えても、基本はすべて人工物であり、ポルダー内の水をすべて監視しているのです。コールハースの「ラヴィレット公園のコンペ案」（一九八二）は、マンハッタンの超高層ビルを横にしたモデルだと言われますが、オランダの風景を眺めていると、むしろポルダーを垂直にしたのが超高層ビルなのではないかと思ってしまいます。

ポルダーは五mほどの堤防で周囲から隔てられているため、中へ入ると周囲の風景はまったく見えません。現在の地図を見ると、ポルダーの外周は少し有機的な形をしていますが、内部は完全に独立したグリッドシステムです。ここでも「容器と内容の意図的な断絶」が起きており、外見が内容をまったく示さなくなっています。また、オランダでは、重力に逆らって水を下から上に上げて排水しなければ国が沈んでしまうので、プラグマティックな解決策がつねに要求されています。そのため、基本的に建築は「スーパーストラクチャー（上物）」ですが、オランダではインフラが建築的に存在しており、その中で建築家がどうふるまうかが注目されてきました。

ファン・エーステレンによる都市計画の価値

こうしたオランダの地理を踏まえ、近代建築の話題に戻りましょう。オランダにおける都市拡張に関しては、ファン・エーステレンは独自のヴィジョンを持っており、専門家だけでなく一般の人が参加できる明快さを重要視していました。そのためノイラートとともに、車や人の交通量や移動方向といった時間変化を伴う空間的な情報をどのように人々に伝えるかを試みています。彼は簡略的「見える」化という手法で時空間的な情報を二次元的に伝えるというイノベーションを、今から七〇年以上前に行なっていたのです。コールハース、OMAのドローイングにも大きな影響を与えたと思います。

ただ、私が問題だと思っているのは、ファン・エーステレンの都市計画そのものについて正当な評価がなされていないことです。彼の計画で特徴的なのは、商業地区における断面の重視です。それは空間構成だけではなく、時間的な断面も含まれます。例えば、彼は当時あまり普及していなかった車が一般化した際の都市環境を想定し、移動時間の変化が都市の経験を変えることを類推していました。大都市環境の時間的な断面の境界、あるいは経験の動的境界に注目したと言えます。そのために歩行者と車の動線を上下に分け、地盤の弱いオランダでは例外的に垂直方向の拡張性を踏まえた、交換可能な断面変化を対位法的に統合する手法を検討していました。

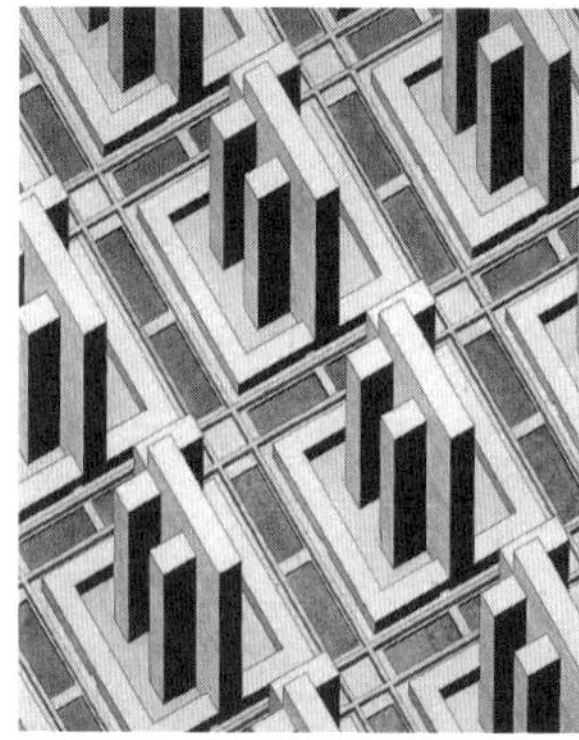

図6:「Zakenwijk」
引用出典=C. van Eesteren, *Cornelis Van Eesteren: The Idea Of The Functional City*, nai010 publishers, 1998

オランダの建築批評家バート・ローツマはファン・エーステレンについて、包括的な都市拡張に関わるルールづくりを行なったにもかかわらず、その取り組みが評価されていないと語っています[*10]。代表的なドローイング「商業地区(Zakenwijk)」(一九二六)[*11、図6]に見られるようなファン・エーステレンが取り上げ、成し遂げた境界に関する新しい発見も正当に評価されていません。

オランダと境界

なぜオランダ人は境界に意識的なのでしょうか。今から約一〇〇〇年前のオランダでは、堤防がなかったため毎日海水が入っては引いていくということが繰り返されていました。そのときにつくられたのがマウント型の小さな盛土です。ここだけは潮位が上がっても沈まない高さになっていて、当初は家畜の飼育場所や大事な教会などの異なった機能を持つ島の群だったのですが、徐々に社会的な秩序ができ、集落が生まれました。彼らは小さな単位の境界をつくることで、高密でありながら居心地のいい街を形成していったのです。こうしたオランダの集落の境界内では、一人がリスクを取るのではなく、複数の人間が相手の盲点を批評しあいながらリスクマネジメントをするという「コンパクトでフラットなリスクヘッジ」——これはじつはオランダのサッカーの特徴です——が実際に行なわれていました。リスクを回避するために、中央集権的な権力者をつくらず社会的な境界をなくしていく考え方だと思います。

このように、オランダと境界という問題は、そもそも洪水によって「地面が動いてしまう」ことから始まり、「維持しやすい小さな単位からなる、異質な機能を連結して形成される定住環境」というオランダ人の根深いマインド・スケープにまでつながっているのではないかと考えています。

［ダイアローグ］

境界を乗り越え協働する

岩元　オランダが徹底して人工的な環境だという点がじつに印象的でした。日本のように自然の森林や海がある環境とは違いますね。小嶋さん、いかがでしたか？

小嶋一浩　特に面白かったのが、コールハースやそのほかオランダの建築家にとっての、オランダという国が持つ背景の説明です。ファン・アイクが用いていた「threshold」「in between space」といった耳触りのいい言葉を耳触りだけでなくオランダの風土の問題とセットで明瞭に話していただきました。

東日本大震災では復興まちづくりのノウハウを知るべく、オランダから日本へ専門家が派遣されシンポジウムが開かれました（「復興の原理としてのコミュニティ――オランダからの提言」二〇一二年七月五日、主催＝日本建築学会＋オランダ王国大使館、共催＝アーキエイド）。そこで日本の復興まちづくりには二つの問題があると指摘されました。ひとつは資金調達の問題、もうひとつは土木と建築と都市計画がばらばらに動いているという問題です。オランダでは資金の集め方や、つくったあと維持していく方法を最初にプログラムしたうえで各分野が分業しているのですが、日本はそれができていない。なぜオランダではできるかというと、できないと国が水没してしまうというリアリティがあるからです。オランダを歩き回っていても水没するようには見えないのですが、彼らの中には地面に対する不安があるのだと、今日のお話を聞いてあらためて感じました。

岩元　オランダでは、被災復興についても土木・建築・都市計画・投資ファンドといった異業種間の境界を乗り越えるフラットなマインドがあるのですね。コールハースもまた、コラボレーションが得意で、構造家や環境工学家はもちろん、造園、インテリア、グラフィックなどのさまざまな専門家と協働し、分野の境界を乗り越えながら建築をつくっているというイメージがあります。PRADAのようなファッションブランドとも協働しています。またAMOというシンクタンクでは建築以外の事業も多く行なっています。そうした点も、フラットな関係を築くのに長けたオランダ性と関係しているのでしょうか。

石田　オランダでは異なる意見を持った人をあえて取り入れ、自分に辛辣な人から成るチームをつくることがクリエイティヴだと信じられているように思います。その根底には、一〇〇〇年以上のあいだ洪水に遭うたびにそれを批判的に分析し続けてきた経験があります。そして、水位を監視するだけではどうにもならないことに早くから気づき、水位の上昇を各地へ伝達するために、風車を使って四‐五km離れたところへ知らせるプラグマティックなネットワークを構築しました。リスクを分散させ、かつそれをクリエイティヴに活性化するモデルは、自らの定住環境を守るという根底的な部分でつながっているのではないかと思います。

合理性に対するリテラシー

小嶋　つねにプラグマティックであることを求められるせいか、服も食事も実質的な印象の強いオランダですが、なぜ奇抜なかたちの建築ができるのでしょう。

石田　「合理性」に対するリテラシーの違いがあるかと思います。例えば、コールハースの「トラジェクトリー」のような斜路を日本でつくろうとすると「そんな無茶なことをしないでください」と言われてしまいますが、オランダの場合、斜路のほうが最短距離で施工面積が小さいのだと言えば施主も納得してくれます。建築家の徹底した合理性を訴えるメッセージを一般の受け手が聞いてくれる。これも治水技術から始まった何千年と続くプラグマティックな思考が根っこの部分で影響しています。

岩元　コールハースの「ヴォイドの戦略」は、制御できる部分と制御できない部分とを前もって切り分ける計画です。そもそもオランダには、制御することに関して優れた治水技術の伝統があったのですね。そこに制御不能な部分を取り入れたところがコールハースの独自性ではないでしょうか。当時は西側の資本主義と東側の社会主義が拮抗している状態で、コールハースはその両方を貪欲に取り込んで新しい建築をつくろうと試みました。しかし、ベルリンの壁の崩壊以降、世界は資本主義一辺倒となり、現在ではそれゆえに生じた歪みも見え始めています。「ヴォイドの戦略」には今日でも可能性があるでしょうか。

小嶋　「ヴォイドの戦略」では、仮定の設定は偏執症的に、それを検証する態度は批評的に行なっています。初期のコールハースは建築だけでなく都市を見据え、問題設定を変えることで都市の綻びから設計のチャンスを生んでいた気がします。この手法は現在でもいろいろな場面で有効なはずですが、誰も取り組んでいません。資本主義対社会主義の構図が崩壊し、ひとつのモデル以外が受け入れられなくなったこととも関係すると思いますが、現状が必然にしか思えなくなると、一見ばかばかしく見えるような仮説をつくり、それを本気で検証するようなことをしなくなってしまいます。

石田　コールハース自身も、インフォグラフィクスについてノイラートを参照していた頃に比べ、現代の状況はそんなに単純ではないと言っています。例えば中東や中国では、「ヴォイドの戦略」がそのまま通用するとは限らない。むしろ中東や中国には違うモデルがあるのではないかと考えるべきで、それを踏まえると図式はまた変わってくるのではないでしょうか。

小嶋　コールハースが主導していたハーヴァード大学でのリサーチも対象を次々と変えていきました。腑に落ちないことをいつまでも考えていてもしょうがないと言わんばかりに、実際に何かよくわからないことが起きている場所まで行って、それを最もよく表わす切り口を探すのがあのリサーチの方法です。

大都市と田園は二項対立ではない

岩元　最近、コールハースは田園に注目しているようで、田園のハイテク化や情報化についてしきりに言及しています［＊12］。ＩＴ技術が発展し、田園においても隠れたインフラが高度に発達しているという内容は、今日の議論にもつながるでしょうか。

石田　田園に対するヴィジョンは、おそらくオランダの田園を参照した理論なのではないでしょうか。オランダの緑地は、じつは生産工場です。プログラムがものすごく精緻に組まれていて、土地をどう休めたら生産性が上がるのかという研究と実践を進めている。良くも悪くもオランダにはいわゆる田園と呼べるようなのどかな田舎がないのです。

小嶋　なるほど、彼らにとっては緑地でさえもインダストリアルな風景でしかないのですね。

岩元　今日のお話を聞いて、そもそもオランダには大都市対田園という二項対立はなかったのではないかと思いました。近代都市計画理論では、エベネザー・ハワードの田園都市論やル・コルビュジエの垂直田園都市構想のように、田園と都市が分離されて考えられてきました。対して、コールハースは大都市と田園が一体化したような、高度にインフラ化されたオランダ的「大都市田園合同体」のようなものに言及しており、それを世界に伝播させようとしているのかもしれませんね。

小嶋　田園についてのコールハースのテキストは、彼にしては妙に素直なことを書いていますね。人口減少が進む村においても三〇年ほどで建物が増えているという出だしは、人口減少とともに建物もなくなったと書くのかと思いきやそうではないというあたり、面白いと思いました。しかし、途中からはアマゾンの木もＩＴ技術によって管理できるようになってきたと、きわめて真っ当なことを書いています。カオティックに見えている都市がじつは人為的にコントロールされているのと同じように、今や田園でもＧＰＳとＩＴによって完全にコントロールできるようになり、その現象を記述しているように読みました。

石田　都会よりも田園に対して、短期間の圧倒的な変化を感じているという論旨は、これからそうした場所を狙っているという宣言にも読める。テキスト自体はヨーロッパの田園について書かれたものですが、東南アジアにも置き換え可能な現象です。そう考えると、田園と言ってはいるけれども、アジアで起きている急速なマンハッタン化を捉えるひとつのモデルではないかと感じました。

コールハースは、今後また戦略的にアジアへ入っていくのではないかと思います。シンガポールあたりは人口が他所の何倍も集中すると言われていて、今スイス連邦工科大学チューリッヒ校（ＥＴＨＺ）やマサチューセッツ工科大学（ＭＩＴ）がそうした地域に入って調査を行なっていますが、そのあたりに絡むのではないでしょうか。

小嶋　そうですね。二〇世紀、超高層建築は好景気な場所を探して建てられてきましたが、それももう発見し尽くされてしまいました。現在の都市にはほとんど変化がなく、一方が悪くなればもう一方が良くなるだけです。そこで、コールハースは潮目を見るパラメータを変えようとしているのではないでしょうか。どうも「田園」という言葉の選び方を見ると、まだ熟していないことも示しているような気がします。

石田　コールハースの田園の論理は、激変する東南アジアや中東、アフリカなどのフロンティアとしての田園と、人口が減少し老朽化している先進国の田園という二段構えになっているように思います。今、インフラマネジメントと言って、五〇年経った橋や道路、建物をどうするかという問題が山ほど出ていますよね。それらを扱っている人たちにとって「田園」はすごく有効な土俵であるように思います。

小嶋　茫洋としているものを記述する方法としての上流をつくろうとしているということでしょうか。上流をつくらないとオペレーションができませんからね。

フロンティアを開拓する試供品

岩元　やはりしたたかに最前線を狙い続けているということなのですね。ところで、近年では建築の保存や修復に関心が集まっています。それが産業として成立し始めていることにも、コールハースは注目しているように思います。

『S,M,L,XL+』所収の「クロノカオス」というテキストでは、歴史保存の名の下に変化が禁じられているエリアが急速に拡大しているという問題意識が提示されています。保存エリアはすでに地表の一二%に達する、と言うのです。さらに、保存対象は古建築など「過去に遡るもの」だけではなく、近過去にまで広がっており、まもなく「未来を予想するもの」になるだろうと書いています。「オリンピックのレガシーをつくろう」というようなスローガンを耳にする度に、このコールハースの論理はあながち間違っていないと思います。

石田　コールハースはAMOでのリサーチなどによって、いち早くフロンティアを知ることができると言われています。これまでも、変化が起きそうなさまざまな状況に合った変化球を出してきました。田園も建築保存も、もしかするとフロンティアに対する「試供品」として配っている可能性もありますよね。そんな試供品を彼はたくさん持っているような気がするので、具体的に進めるのか調査だけで終えるのかはわかりません。

小嶋　試供品はいい喩えですね（笑）。ここまで聞いていてあらためて思ったのですが、コールハースは個別の建築の話をほとんどしていなかった人です。そのような人が「第一四回ヴェネツィア・ビエンナーレ国際建築展」（二〇一四）で「近代の吸収――一九一四‐二〇一四」と銘打ち建築単体にスポットを当てたことも、目くらましのような気がしてきました。

岩元　試供品という話に関連して、『S,M,L,XL+』には「スマートな景観」という新しいテキストも収録されています。そこでは「自由・平等・友愛」に代わって、「快適・安全・サステイナブル」の三原則が支配的になったと述べられており、これまで建築家や都市計画家がつくってきた「愚鈍な」街に代わって、IT関係者が「スマートな」街をつくっていくのか、という問いかけがなされています。これは切れ味の悪い文章で、特に結論もありません。どう理解したらいいかわからなかったのですが、これも試供品のひとつと言えるのかもしれませんね。

石田　「スマート」とは、現時点では複数のエネルギーソースの消費供給に関する効率性を高める、技術論上の新たなマネージメントモデルですからね。そのため、ツリー状の透明な秩序を持ったエンジニアリングの複合組織として語られている。すると、オランダの透明なエンジニアリングとある程度距離をとって、シニカルに批評していたコールハースが、じつは逆にスマートシティから批評されるというパラドックスに陥っていて、大都市環境に移植されるスマートシティの経験の動的な境界を、まだコールハース自らのロジックで処理できていない可能性はあります。

岩元　都市をビッグデータとして理解できるようになって、本当にエンジニアリングの問題で都市が解けていくのであれば、従来の都市計画者や建築家、コールハース的なレトリックは要らないことになりますよね。新しい時代の幕開けでしょうか。

石田　オランダはアムステルダムを中心に、スマートシティモデルを一七世紀の植民都市モデルと同じように世界中に移植しようとしています。今はアジア市場の中心になるシンガポールがテストベッドとして注目されていますが、現地でコールハースのシニカルなレトリックは、技術論のドメインではなかなか通用しないように思います。機械、電気、材料などの専門家は、圧倒的な勢いでエネルギーインフラを抑え、そこからウワモノの端末までスペックを全部決めていくからです。そこでは建築家が最下流にいて、とにかくエネルギーのセクターに入らない限りは大きなプロジェクトに手が出せないという現実がある。

それが新しい都市と言えるかはまだ実験段階です。大学の工学部でも電子情報や航空ロボティクスといった宇宙を舞台にしている人たちがアーキテクチャーと言ってコロニーを計画し始めています。それがはたして建築かどうかを考える時代が来ているのだと思います。大きな変化が起こる可能性が今すぐそこまで来ているのではないでしょうか。

☜ 質疑

北山　恒　コールハースが実現しようとしている建築は、ある巨大な権力のために奉仕する建築ではなく、むしろ彼は新しい建築のあり方を示しており、それが二〇世紀的な建築の終焉をつくるのではないかと思っています。例えばヴェネツィア・ビエンナーレでは、一九一四年から二〇一四年につくられた近代建築という枠組みにある構造を一度片づけてしまうようなアイデアも含まれていたのではないかと僕は思ったのですが、いかがでしょうか。

石田　オランダ自体、権力に抵抗したり、ヨーロッパで初めて王権を持たずに新たな社会をつくって独立したりというように、良くも悪くもフラットな社会を築いてきました。市民社会をベースとした治水モデルとして現在のオランダのフラットなマインドやOSは、いわばヨーロッパではつねにアンチテーゼです。スペインやフランス、イギリスからオランダは田舎だと言われるのだけれど、田舎ゆえにきわめて即物的なプラグマティズムを恥とも思わずに貫ける。

商人の経済感覚がそのまま前面に出ていてもまったく躊躇がないというのは、ヨーロッパの貴族社会では批判されてきました。しかしそう言われるのはむしろ健全なので、その健全さを失わないという意味ではオランダのモデルはまだ有効です。ゆえに『S,M,L,XL』の中に込められたヴィジョンもまだ有効なのではないかという感じがしていますし、ビエンナーレでの「エレメンツ・オブ・アーキテクチャー」展の展示、すなわち要素主義的ヴィジョンも、実験レベルで留まったオランダの一思潮から近代主義を相対化しようとする意図があるとすれば、じつにオランダ的な遠近法だとも言えるので、コールハースの思考は依然として有効だという気がします。一方でビッグデータの問題やスマート化の問題によっては、コールハース・ヴィジョンはヴァージョン二・〇を考えなければいけません。そのあたりは、これからのY-GSAのテーマとなるのではないでしょうか。

［編註］

＊1　O・M・ウンガース……一九二六－二〇〇七。ドイツの建築家。ベルリン工科大学、コーネル大学、ハーヴァード大学などで教鞭を取る。

＊2　建築的ロボトミー……内部の機能と切り離されて成立するファサード・デザインを指すコールハースの造語。ロボトミーとは、脳の前頭葉をほかの部分から切り離し、人の感情を奪う精神外科の手術のこと。

＊3　コーネリアス・ファン・エーステレン……一八九七－一九八八。オランダの建築家、都市計画家。オランダの前衛芸術運動デ・ステイルに参加し、離脱後はアムステルダム市公共事業局都市開発課の主任建築家に就任し、多くの計画を手がけた。

＊4　ヤコバ・ムルダー……一九〇〇－八八。オランダの女性建築家、都市計画家。ロッテルダムやデルフト、アムステルダムの公共事業を手がける。一九二九－五八年までファン・エーステレンのもと、数々の設計を手がけた。

＊5　アルド・ファン・アイク……一九一二－九九。オランダの建築家。チームXやオランダ構造主義の建築家として知られる。部分から全体を設計することで、あいまいで多義的な空間を生み出すことを試みた。主な作品に《子どもの家》（一九六〇）、《アムステルダム市立孤児院》（一九六〇）がある。

＊6　コンスタント・ニューヴェンハイス……一九二〇－二〇〇五。オランダの画家、彫刻家。ギー・ドゥボールらの「アンテルナシオナル・シチュアシオニスト」への参加や「ニュ

ー・バビロン」（一九五六－七二）と呼ばれる建築模型、ドローイング作品で知られる。

＊7　オットー・ノイラート……一八八二－一九四五。オーストリアの哲学者、社会経済学者。アイソタイプと呼ばれる図像統計を用いた視覚教育技法を確立させた。

＊8　ホモ・ルーデンス……オランダ語で「遊ぶ人」の意で、オランダの歴史学者ヨハン・ホイジンガ（一八七二－一九四五）が唱えた人間観。文化を「遊ぶ」という観点から捉え直す試み。

＊9……Rem Koolhaas, *S,M,L,XL* [2nd edition], Monacelli Press, 1997, pp.285-287

＊10……Bart Lootsma, *Research for Research*, Berlage Institute Rotterdam, 2001

＊11　「商業地区（Zakenwijk）」……一九二六年の「現代都市における商業地区の役割（gedeelte der zakenwijk eener hedendaagsche grote stad）」展で発表されたドローイング。歴史的建築物と近代的な新しい建築物の共存、大小さまざまなヴォリュームの断面での連続性をもたせた配置、自動車と歩行者のスピードに合わせた分離計画などが提案された。

＊12……アムステルダム市立美術館でのレム・コールハースのレクチャー「Countryside」（二〇一二年四月二五日、ＯＭＡウェブサイトで資料閲覧が可能）など。

自由な精神で世界を見るために

北山 恒

建築家教育のユートピア

Y‐GSAという建築家教育の組織は、スタジオ教育という場でひとりの建築家から少人数の学生への濃密な伝授教育が行なわれる。それは学生の脳に直接コネクターを差し込んで思考の回路を組み替えるような、緊張感のある教育である。このスタジオ教育を中心としながら多重な刺激を与える教育プログラムが学生たちを包囲するのだが、そのひとつが「横浜建築都市学」という公開のオムニバス・レクチャーである。四人の異なる建築家が眺める世界の重なりの中に、現代社会に表出している問題群を掬い上げ、このオムニバス・レクチャーが組み立てられる。そこで、学生たちは四人の建築家たちの脳の中を眺めることにもなる。このように、教育内容を開示する姿勢は大学の教育が公共空間の中にあるということを示している。建築というものが社会的存在であるからこそ、その建築教育は教員の私的空間に留まることはない。このようにスタジオという極度の私性と、このオムニバス・レクチャーという開かれた公性を行き来することが、Y‐GSAの建築家教育の醍醐味である。

ヨーロッパ文明というパラダイム

ところで、「二〇世紀の思想から考える」とはずいぶん大上段なタイトルである。そのテーマで、アンリ・ルフェーヴル、コーリン・ロウ、ケネス・フランプトン、アルド・ロッシ、クリストファー・アレグザンダー、レム・コールハースの六名の思想を取り上げてオムニバス・レクチャーを構成しているのだが、この六名の中で、最も年長のルフェーヴルであっても主要な著作活動は第二次世界大戦後であり、ほかの五名もその活動は二〇世紀後半に展開されているので、「二〇世紀の思想から考える」ではなく「二〇世紀後半」とするべきかもしれない。もしそうであるならば、ロバート・ヴェンチューリやレイナー・バンハムそしてマンフレッド・タフーリなど、外せない建築思想の存在に気づく。さらに、ルフェーヴルは建築思想ではなく社会思想に属する。であるならば、社会思想にかかわる重要な人物の存在も思い浮かぶ。もちろん、このオムニバス・レクチャーで取り上げられた六名が二〇世紀の建築思想を代表しているわけではない。二〇世紀の思想とするならば、本来は二〇世紀前半のほうが豊穣である。それらは思想史から言えばヘーゲルの弁証法やマルクスの唯物史観から始まるのだが、二〇世紀の建築思想に関係してくるのはソシュールの言語学やレヴィ＝ストロースの構造主義だ。フッサールやメルロ＝ポンティの現象学も建築とは強い関係を持っている。さらには、マルティン・ハイデッガーやハンナ・アーレントにも言及しなければならない。二〇世紀初頭ヨーロッパで始まるモダニズムという建築運動は、その当時のヨーロッパ社会状況の中から浮上しており、その背後にはヨーロッパ思想の強い影響があるのだ。

二一世紀初頭の現代に建築を学ぶ者は、二〇世紀初頭に西ヨーロッパで始まったモダニズムという建築運動から逃れることはできない。このモダン＝近代という概念そのものがヨーロッパ文明の思想の根源にかかわるため、ルネサンス、または一八世紀の市民革命、一九世紀の産業革命と都市化、一九世紀中葉にある「文学的モデルネ」など多様な知識が要求される。そして、それはキリスト教という宗教を背景として北アメリカと一体となった欧米という文明圏を形成しているのだ。

例えば、近代建築を定義づけたジークフリード・ギーディオンの『時間・空間・建築』(一九四一/邦訳[新版]=太田實訳、丸善、二〇〇九)の記述はルネサンスから始まるのであるが、時系列に沿った記述の中で、近代建築の歴史はヨーロッパという地域に留まり、第二ミレニアム後半のヨーロッパ建築史の中に編み込まれている。この書物は建築と都市を素材としたヨーロッパ文明に外形を与える歴史書であることがわかる。そのためか、戦後に出された追補版に丹下健三と槇文彦の記述が追記されているが、一九四一年の初版には当然のようにヨーロッパ外である日本に関する記述はない。

そして、一九八〇年に出版されたケネス・フランプトンの『現代建築史』(邦訳=中村敏男訳、青土社、二〇〇三)は、この大著『時間・空間・建築』を上書きするような近代建築の全容を俯瞰する歴史書である。フランプトンが主張する批判的地域主義につながるストーリーが背景にあるので、ギーディオンと同じように時系列で記述しながらも、多様な建築の表出をヨーロッパ大陸とアングロ・アメリカの中で共時的に描いてみせる。英国出身の歴史家でもあるので一八世紀半ばの産業革命から始めるところに、ギーディオンのヨーロッパ大陸の歴史観との差異がみえて興味深い。この欧米を中心とした近代建築運動の記述の中で、その傍流として、アントニン・レイモンドやル・コルビュジエに学んだ日本人建築家たちが紹介され、丹下健三もその流れの中に位置づけられている。「批判的地域主義」を標榜する書物でありながら、日本という周辺地域での建築は、大きな物語である欧米の歴史の中に組み込まれた新参であることを示しているように見える。

ここに近代建築史という概念はすぐれてヨーロッパという地域を中心に書かれた歴史であることに気づく。二〇世紀という時代は、ヨーロッパ文明というパラダイムに覇権を握られた世紀なのだ。だから「二〇世紀の思想から考える」とき、私たちは欧米の思想を学ぶしかない。私自身、建築を学び始めた一九七〇年から始まる二十歳台は、欧米の書物を読むこと、その知識を身に着けることをひたすら行なっていた。ユーロセントリズムを厳しく批評する構造主義を、そのヨーロッパからはるか周縁にある日本の学生が懸命に理解しようと学ぶ。さらに、その構造主義を乗り越えるポスト構造主義を巡って議論をする。モダニズムの自己解体であるポスト・モダニズムは、ひとつには、アングロ・アメリカにおける市場主義経済に対応させる建築の動向であり、さらに、ヨーロッパ大陸では文化コンテクストを取り込んだ地域的愛着を獲得する建築運動である。しかし、日本ではその外形だけが取り入れられ商業的ファッションとなる。その日本でのポスト・モダンが滑稽に見えた一九九一年（ベルリンの壁崩壊の二年後、そして日本のバブル経済崩壊の時）、その時に、ヨーロッパ文明を相対化することに覚醒したのかもしれない。

が、しかし、そのヨーロッパの思想群の塊を理解することで、近代の問題群をマッピングすることができ、さらに、その欧米を含む思想を相対化することで、その問題群に対する現代の回答群が発見できるのだと思う。このヨーロッパ文明からも解放され、自由な精神で世界を見ること。私の考える建築思想のエッジはそこにある。

二〇一六年七月

略歴

塚本由晴 ◎ Yoshiharu Tsukamoto

一九六五年生まれ。九二年貝島桃代とアトリエ・ワン設立。九四年東京工業大学大学院博士課程修了、博士（工学）。現在東京工業大学大学院教授。代表作に《ハウス&アトリエ・ワン》《みやしたこうえん》《BMW Guggenheim lab.》など。著書に『メイド・イン・トーキョー』『Behaviorology』『コモナリティーズ ふるまいの生産』（共著：貝島桃代ほか）、『Window Scape 2 窓と街並みの系譜学』（東工大塚本由晴研究室編）などがある。

渡辺真理 ◎ Makoto Shin Watanabe

一九五〇年生まれ。七九年ハーヴァード大学大学院修了。磯崎新アトリエ勤務後、八七年木下庸子と設計組織ＡＤＨ設立。法政大学教授。代表作に《ＮＴ》《ＩＳ》（ともに住宅）、《兵庫県西播磨総合庁舎》《アパートメンツ東雲キャナルコート中央ゾーン》（workstationとの協働）、《真壁伝承館》など。著書に『集合住宅をユニットから考える』『孤の集住体』（ともに共著：木下庸子）など。訳書にC・ロウ＋F・コッター『コラージュ・シティ』などがある。

長谷川 豪 ◎ Go Hasegawa

一九七七年生まれ。二〇〇二年東京工業大学大学院修士課程修了。〇五年長谷川豪建築設計事務所設立。一五年東京工業大学大学院博士課程修了、博士（工学）。カリフォルニア大学ロサンゼルス校客員教授。代表作に《森のピロティ》《石巻の鐘楼》《御徒町のアパートメント》《上尾の長屋》など。著書に『考えること、建築すること、生きること』『カンバセーションズ――ヨーロッパ建築家と考える現在と歴史』などがある。

難波和彦 ◎ Kazuhiko Namba

一九四七年生まれ。七四年東京大学大学院博士課程修了。七七年難波和彦＋界工作舎設立。大阪市立大学、東京大学教授を歴任。東京大学名誉教授。代表作に《なおび幼稚園》《日本堤消防署二天門出張所》《ATAGO工場》「箱の家」シリーズなど。著書に『戦後モダニズム建築の極北――池辺陽試論』『建築の四層構造――サステイナブル・デザインをめぐる思考』『進化する箱――箱の家の20年』などがある。

石田壽一 ◎ Toshikazu Ishida

一九五八年生まれ。九五年東京大学博士課程を単位取得満期退学後、博士号取得。デルフト工科大学研究員を経て、九州大学勤務。

二〇〇八年より東北大学教授。ロッテルダム国際建築ビエンナーレ・コンペティション部門グランプリなど受賞。代表作に《Yume-R Ohashi / Lunette》《カタールホール・プロジェクト》《青葉山レインガーデン》など。著書に『低地オランダ――帯状発展する建築・都市・ランドスケープ』(香山壽夫監修)、『14歳からのケンチク学』(共著:五十嵐太郎ほか)などがある。

市川紘司 ◎ Koji Ichikawa

一九八五年生まれ。二〇〇八年横浜国立大学卒業、東北大学大学院博士課程在籍。東京藝術大学美術学部建築科教育研究助手。一三年から一五年まで中国政府奨学金留学生として清華大学建築学院に留学。編著に『中国当代建築 北京オリンピック、上海万博以後』、著書に『中国的建築処世術』(共著:東福大輔)などがある。

岩元真明 ◎ Masaaki Iwamoto

一九八二年生まれ。二〇〇八年東京大学大学院修士課程修了。難波和彦+界工作舎スタッフ、Vo Trong Nghia Architectsパートナーを経て、一五年よりICADA共同主宰。一六年より九州大学大学院助教。共著に『レム・コールハースは何を変えたのか』(五十嵐太郎+南泰裕編)、共訳にロベルト・ガルジャーニ『レム・コールハース|OMA――驚異の構築』(難波和彦監訳)などがある。

山道拓人 ◎ Takuto Sando

一九八六年生まれ。二〇一一年東京工業大学大学院修士課程修了。一一年ツクルバ勤務。一二年ELEMENTAL勤務。一三年千葉元生、西川日満里とツバメアーキテクツ設立(一六年より石榑督和が参画)。現在東京理科大学非常勤講師。代表作に《荻窪家族プロジェクト》《阿蘇草原情報館》《居場所をつくるまるとしかく》《蔀戸の家》などがある。

南後由和 ◎ Yoshikazu Nango

一九七九年生まれ。社会学、都市、建築論。二〇〇八年東京大学大学院学際情報学府博士課程単位取得退学。現在明治大学情報コミュニケーション学部専任講師。編著に『磯崎新建築論集7 建築のキュレーション』『建築の際』など。共著に『路上と観察をめぐる表現史』『モール化する都市と社会』『TOKYO1/4と考える オリンピック文化プログラム』などがある。

連 勇太朗 ◎ Yutaro Muraji

一九八七年生まれ。建築家。二〇一二年に木賃アパートを再生し、都市の新たな新陳代謝の仕組みを発明し実装していくことを目的としたソーシャル・スタートアップ、モクチン企画を設立。一五年慶應義塾大学大学院後期博士課程単位取得退学。同年より慶應

義塾大学大学院特任助教、横浜国立大学客員助教。

小嶋一浩 ◎ Kazuhiro Kojima

一九五八年生まれ。八二年京都大学工学部建築学科卒業。八四年東京大学大学院修士課程修了。八六年シーラカンスを共同設立。九四年から二〇一一年東京理科大学助教諭・教授。CAtパートナー、一一年より横浜国立大学大学院Y-GSA教授。代表作に《千葉市立打瀬小学校》《ホーチミンシティ建築大学》《柿畑のサンクン・ハウス》《宇土市立宇土小学校》《流山市立おおたかの森小・中学校　おおたかの森センター　こども図書館》など。著書に『小さな矢印の群れ――「ミース・モデル」を超えて』『背後にあるもの　先にあるもの』（共著：赤松佳珠子）などがある。

北山 恒 ◎ Koh Kitayama

一九五〇年生まれ。八〇年横浜国立大学大学院修士課程修了。七八年ワークショップ設立（共同主宰）を経て、九五年architecture WORKSHOP設立。横浜国立大学大学院Y-GSA教授を経て、二〇一六年より法政大学建築学科教授。二〇一〇年度第一二回ヴェネツィア・ビエンナーレ国際建築展日本館コミッショナー。代表作に《洗足の連結住棟》《祐天寺の連結住棟》など。主な著書に『TOKYO METABOLIZING』『in-between』『都市のエージェントはだれなのか』などがある。

藤原徹平 ◎ Teppei Fujiwara

一九七五年生まれ。二〇〇一年横浜国立大学大学院修了。同年より隈研吾建築都市設計事務所勤務。同事務所設計室長・パートナーを経て一二年退社。フジワラテッペイアーキテクツラボ主宰。横浜国立大学大学院Y-GSA准教授。代表作に《等々力の二重円環》《POLY-HOUSE》《表参道の立体居》《AOI Medical Academy》《深谷中央病院改修》、「東京都美術館　キュッパのびじゅつかん展」など展覧会空間デザインも多数手がける。著書に『7inch Project #01』などがある。

寺田真理子 ◎ Mariko Terada

一九六八年生まれ。九〇年日本女子大学卒業。九〇年から九九年鹿島出版会『SD』編集部。オランダ建築博物館でのアシスタント・キュレーターを経て、インディペンデントのキュレーターとなる。二〇〇七年より横浜国立大学大学院Y-GSAスタジオ・マネージャー。一四年より横浜国立大学先端科学高等研究院特任准教授。共著に『ARCHIGRAM――アーキグラムの実験建築1961-1974』『OURS――居住都市メソッド』『チッタ・ウニカ――文化を仕掛ける都市ヴェネツィアに学ぶ』などがある。

横浜国立大学大学院／建築都市スクールY-GSA
スタジオを中心とする教育システムを取り入れた、2007年にスタートした建築都市スクール。大学院修士課程の学生を対象に、幅広い視野と問題解決能力を持った建築家の育成を目指し、実践的教育を行なう。初代校長を山本理顕、2代校長を北山恒が務めた。現在、スタジオは、小嶋一浩、西沢立衛、乾久美子、藤原徹平の建築家4人を中心に組織されている。スタジオ・マネージャー＝寺田真理子。設計助手＝御手洗龍、松井さやか、山下真平、篠原明理。助教＝髙橋一平。アシスタント・マネージャー＝坂下加代子、丸山純恵。

編集・制作＝スペルプラーツ（飯尾次郎、出原日向子）
編集協力＝和田隆介、榊原充大

20世紀の思想から考える、これからの都市・建築

2016年9月10日　第1版発行

著作権者との協定により検印省略

編者　横浜国立大学大学院／建築都市スクールY-GSA
発行者　下出雅徳
発行所　株式会社 **彰国社**
162-0067　東京都新宿区富久町8-21
電話　03-3359-3231（大代表）
振替口座　00160-2-173401

自然科学書協会会員
工学書協会会員

Printed in Japan

印刷：壮光舎印刷　製本：ブロケード

ISBN 978-4-395-32073-8 C 3052　http://www.shokokusha.co.jp